LES PYRÉNÉES

DU MÊME AUTEUR

Une Semaine en Istrie, 1 volume in-18 jésus.

52.

LES
PYRÉNÉES

PAYSAGES ET ESQUISSES

Par le Comte de PERROCHEL

DEUXIÈME ÉDITION

LE MANS

TYPOGRAPHIE EDMOND MONNOYER

Place des Jacobins, 12

1875

AUX PYRÉNÉES

Luchon, juillet 186[illegible]

Avec vos fiers sommets et vos rochers géants,
Vos glaciers éternels, vos abîmes béants,
De neiges, de forêts, vos têtes couronnées,
Oui, c'est vous! De mes yeux je vais enfin vous
[voir,
Vous, dont le front s'empourpre à l'approche
[du soir!
Vous voici donc, ô Pyrénées!

Tout enfant, j'enviais d'un désir incertain
Ceux qui pouvaient se perdre en un pays
[lointain.
Vers vous, plus d'une fois, s'est dirigé mon rêve.
J'admirais vos aspects, je prenais mon élan
Jusqu'à ces pics abrupts, d'où le sombre ouragan
Sur les vallons descend et crève.

Et je viens, à mon tour, ô sublimes hauteurs,
Respirer votre air pur et qui nous rend meil-
[leurs,
M'enivrer du parfum des pins et des grands
[chênes.
Je sens battre mon cœur et mes pensers grandir,
Quand, au soleil levant, je vous vois resplendir,
Apres sommets, cimes sereines !

Vous ne vieillissez pas, les saisons et les ans
Unissent contre vous leurs efforts impuissants ;
Les hivers vainement s'accumulent sans cesse :
Les siècles infinis passent comme des jours,
Sans ternir votre front ! Et vous gardez toujours
Même beauté, même jeunesse.

Devant vous, vastes monts, que je me sens petit !
J'adore, en frémissant, le Dieu qui vous bâtit,
Avec vos pics d'azur, colorés de lumière.
D'un coup, d'un mot, d'un souffle, il peut vous [effacer,
Lui, qui put vous construire, il peut vous ren-[verser,
Débiles jouets de sa colère.

Je me ris aussi, moi, de votre immensité.
Quand vous me briseriez d'un roc précipité,
D'une pierre, au hasard, en l'espace lancée,
Vous ne pourriez encor mériter mon courroux,
Durs géants de granit ! Car j'ai de plus que vous
Et la souffrance et la pensée.

Je ne suis qu'un atome en l'infini perdu,
Qui bientôt va périr, à la terre rendu ;
Mais je sens que dans moi bat et palpite une âme.
Humble fange, limon périssable et mortel,
Mon corps n'est que néant ! C'est l'éphémère [autel
Où brûle une céleste flamme.

Un jour viendra, fiers monts, que vous ne serez
[plus,
Que vos pics, l'un sur l'autre effondrés, abattus,
Au gré du Tout-Puissant rouleront dans l'abîme;
Et moi, toujours vivant, je verrai votre fin,
Atome qu'à jamais embrase un feu divin
Et qu'un souffle éternel anime.

LES PYRÉNÉES

I

DÉPART.

C'est le 8 janvier 186* que nous quittons Angers. Les paysages fuient aussitôt, de chaque côté, avec la rapidité ordinaire quand on est en train express. Que dirait Mme de Sévigné, si elle était à ma place, elle qui de son temps trouvait qu'on voyageait trop vite? Quinze petites journées seulement pour se rendre des Rochers à Grignan ! M. Sainte-Beuve prétend qu'elle se plaindrait de marcher bien lentement. Peut-être l'éminent critique prête-t-il à l'ingénieuse marquise quelque chose de son esprit de contradiction.

Voici les bords de la Loire et les gracieux paysages de l'Anjou. Les vapeurs du matin voltigent encore sur les collines, avant de se dissiper aux rayons du soleil. La brise les divise en lambeaux, qui s'accrochent aux arbres, comme ces flocons de laine que les brebis laissent aux épines du chemin. Les campagnes sont couvertes de blés qui jaunissent et s'agitent comme une mer, au moindre vent. Les villages se groupent harmonieusement au sommet des coteaux ou au milieu des moissons. Les blancs clochers s'aperçoivent de loin. Les villas se cachent à demi derrière les arbres verts des parcs. Les plus simples maisons ont un aspect d'aisance et de propreté. On se sent dans un pays riche et industrieux; partout des signes certains de bien-être et de prospérité.

La Loire coule tranquillement au milieu de ces prés verts, de ces enclos de vigne et de ces champs de blé. A la voir maintenant si paisible et si calme, qui croirait à ses fureurs et à ses dévastations ?

> ......et la Loire en son sein
> Incertaine.....

Rien de plus vrai, hélas! 1856 n'est pas si loin de nous, que nous ayons oublié tant de ruines et de malheurs. Ce fleuve si beau est une menace perpétuelle de ravages et d'inondations. Mais une éternelle inquiétude serait inutile et insensée. A Torre del Greco, les Italiens dorment tranquilles sans s'occuper du Vésuve, qui, de temps en temps, leur envoie sa pluie de feu. Dans la vallée de la Loire, les Angevins regardent sans peur leur beau fleuve, sans se souvenir des terreurs de la veille et des angoisses du lendemain. Dieu a permis à l'homme de se bercer heureusement avec l'insouciance et la témérité. L'excès de prévoyance n'est bon qu'à décolorer la vie et à bannir les plaisirs au souffle de la crainte.

Gracieuse contrée que l'Anjou ; paysages sans majesté et sans caractère, mais pleins de charmes. On placerait facilement sur les bords de ce beau fleuve, au milieu de ces prés verts, les céladons et les bergères de l'Astrée. Rêves ingénieux, c'est sans doute lorsqu'il traversait l'Anjou (non pas comme moi en chemin de fer) que vous êtes venus à l'esprit de d'Urfé ! La *douceur angevine* est célèbre depuis du Bellay. Quelques esprits malins, jaloux du beau ciel et de l'agréable nature de l'Anjou, insinuent méchamment que ce climat et ce beau soleil ne portent pas à l'activité ; ils rappellent le mot de César, *Andegavi molles*. Raillerie mauvaise, que je me chargerais de réfuter, preuves en main, malgré tout mon respect pour le conquérant des Gaules.

II

Quelle diversité dans la création ! Les uns sont borgnes, les autres bossus et d'autres hypocondriaques ; les uns paresseux, les autres gourmands et les troisièmes emportés. Cette même diversité se retrouve dans les velléités voyageuses. Supposez chaque année tous les touristes se dirigeant, comme des moutons de Panurge, vers Bade, par exemple ; les hôteliers des autres villes ne seraient-ils pas au désespoir ? Les hôtelières inconsolables ne verseraient-elles pas des torrents de larmes? Heureusement, les touristes n'ont pas des goûts uniformes. Les uns aiment le Nord, la Flandre avec ses vapeurs, ses pâturages et ses kermesses ; les autres, l'Allemagne avec ses légendes, ses rêves et ses penseurs ; ceux-ci, l'Angleterre avec sa nature soignée, ses *cottages* propres et confortables, ses gazons bien verts où paissent des taureaux Durham et des moutons *south down ;* ceux-là, la Russie elle-même avec ses longs steppes et ses immenses solitudes.

Pour moi, j'aime le Sud ; ce qui

m'attire, c'est la lumière et le soleil, le ciel pur et les campagnes aux tons chauds et aux reflets empourprés. Ce que je voudrais voir, ce que je verrai, si Dieu me prête vie, c'est l'Italie et la Grèce, ces contrées où le passé fera toujours tort au présent ; l'Espagne avec sa physionomie accentuée et originale où l'on retrouve encore tant de souvenirs du moyen âge ; l'Égypte avec ses temples, ses hiéroglyphes, ses sphinx et ses pyramides, débris d'une civilisation et d'une littérature disparues depuis tant de siècles ; la baie de Naples avec ses eaux bleues ; le Bosphore, où l'antique Byzance baigne ses pieds ; Grenade et l'Alhambra, ruine immortelle où Chateaubriand allait se reposer du spectacle de tant de ruines, en évoquant les fantômes de doña Blanca et de l'Abencérage. Les rêves ne coûtent rien à former et les illusions à nourrir. Je suis à l'âge du long espoir et des riantes pensées. Laissez-moi croire que je ne verrai fuir aucune de mes illusions et que je réaliserai tous mes rêves !

Saumur, Tours, Poitiers nous ont apparu successivement dans ce panorama de campagnes variées et de verdoyants paysages. Nous sommes déjà loin des collines et des villages de l'Anjou La nature a changé d'aspect. Plus de ces jolis petits prés qui donnaient le désir de prendre la houlette et de garder un troupeau de moutons enrubannés ;

adieu les belles moissons et les maisons couvertes en ardoises! Le terrain est devenu crayeux ; les champs inféconds ne produisent plus que des blés lilliputiens. L'œil attristé se détourne de la terre pour admirer le ciel, qui se teint déjà de reflets plus vifs et d'un azur méridional.

Après Angoulême, les paysages s'égayent, les horizons s'embellissent de nouveau de verdure et de fécondité, les vignes s'étalent au soleil pour en absorber les bienfaisantes ardeurs. La Dordogne coule à pleins bords dans ces riches contrées et roule ses eaux avec une majesté paisible. On conçoit, en la voyant, que les anciens aient représenté les fleuves comme des vieillards au regard tranquille et à l'attitude imposante. Quelques bateaux marchands aux voiles blanches, arrondies par la brise du soir, naviguent lentement ; le fleuve semble les porter avec amour comme fait un aïeul pour ses petits-enfants. Le soleil, qui se couche, rougit les eaux comme d'un vaste incendie ; les vignes du Bordelais se teignent, à cette heure, de reflets rougeâtres et l'on entend dans la campagne les mugissements des bœufs qui regagnent leur étable, les cris du pâtre qui appelle et rassemble son troupeau et les sons grêles d'une cloche de village qui tinte au loin l'*Angelus*.

Le soleil est couché ; le fleuve, où reluisaient tout à l'heure ses derniers rayons, reflète maintenant les premières étoiles ;

les villages et les vignes n'apparaissent plus que comme des formes confuses. Nous commençons à être las de courir avec la rapidité de la flèche, et c'est avec bonheur que nous nous arrêtons enfin. Voici Bordeaux.

III

Bordeaux est une ville bien percée et bien bâtie ; les rues sont larges et animées ; de beaux hôtels modernes, construits en pierre de taille, annoncent la richesse et l'opulence. Les quais sont magnifiques ; avec le théâtre et le Jardin des Plantes, c'est l'orgueil des Bordelais. Des vaisseaux, appartenant à toutes les nations, forment sur la Garonne une forêt de mâts. Leurs flancs recourbés plongent à demi dans l'eau jaune. Les cordages et les pavillons de toutes couleurs se dessinent sur l'azur du ciel et se reflètent dans le fleuve. On s'arrête longtemps à contempler ces proues, ces poupes décolorées à force d'avoir sillonné l'Océan, ces navires de toute forme et toute dimension, venus de tous les points du monde et rassemblés aujourd'hui dans le même port pour se diriger demain vers tous les rivages des deux continents. Merveilleuse puissance du génie de l'homme! Ce qui semblait fait pour séparer à jamais les peuples, est devenu le moyen rapide de leurs échanges et de leurs rapports. Sur ces abîmes sans fond où nul chemin n'est tracé, d'innombrables vaisseaux suivent, sans dévier, leur route. Parfois, la mer, fatiguée de cette domination, se révolte contre les insolents qui la bravent, un désastre de plus s'ajoute à tant de désastres, un vaisseau se brise sous l'étreinte de la tempête; ce sont là les vengeances de l'Océan. La mer est un esclave que l'homme n'a soumis qu'imparfaitement, et dont le moindre geste, le moindre frémissement, suffit pour écraser son vainqueur.

Je ne puis donner trop d'éloges au nouveau Jardin des Plantes ; vertes pelouses, ponts rustiques, belles eaux tachetées de poissons de toute couleur, il n'y manque absolument que des ombrages pour échapper aux ardeurs du soleil. Le jardin ne date que d'hier et les arbres futurs ne sont encore que des arbrisseaux. Petit poisson deviendra grand. Mais quand ils auront bien grandi, jusqu'à prêter aux promeneurs leur ombre bienfaisante, moi j'aurai bien vieilli ; et, comme un égoïste, je préférerais, beau jardin, que tu restasses toujours sans ombrage, et moi toujours sans cheveux blancs.

IV

Au-dessous de Bordeaux, les vignes continuent quelque temps encore; des deux côtés du railway, des clos fameux, féconds en vins renommés, passent sous les regards du voyageur. Bientôt la verdure disparaît, les vignes s'arrêtent; nous sommes sur la limite où la fécondité et la stérilité se disputent encore le terrain. Après quelques lieues, l'aridité triomphe complétement, nous voici tout de bon entrés dans les Landes et pour longtemps.

L'horizon ne présente plus le moindre signe de vie et de civilisation. Les bruyères et les genêts s'étendent à perte de vue jusqu'à ces collines qui, là-bas, terminent le paysage. Partout le silence et la solitude. De temps en temps, nous nous arrêtons devant quelque petite gare, où vivent deux ou trois employés, perdus au milieu de l'immense désert. Le train fait halte un instant; puis il reprend sa course à toute vapeur, comme s'il avait hâte, lui aussi, de sortir de cette sauvage contrée.

Les paysages se succèdent avec tristesse et monotonie. Notre regard ne rencontre autre chose que des bruyères, des bois, des pins maritimes, le seul arbre qui puisse croître sur cette terre argileuse. Les forêts se rapprochent ; pendant quelques minutes nous ne voyons que des pins, ayant tous au pied une forte entaille, d'où s'échappe la résine, unique richesse de cette contrée. Puis, la fin de la forêt arrivée, les immenses paysages reprennent de nouveau. Parfois quelques huttes couvertes en bois, sauvages abris où vivent de sauvages habitants, quelques cabanes aux tuiles rouges, dont la couleur se détache vivement sur la plaine uniforme. De temps à autre, quelques vaches maigres, quelques moutons efflanqués, avec un berger qui chante quelque refrain. On regarde en vain : pas un village, pas une maison qui indique un peu de propreté. Voilà donc le pays où vivent des hommes comme nous, et qui sont nos frères. C'est là que des créatures humaines souffrent, espèrent, pleurent, aiment comme nous. Ce séjour, qui nous semble si horrible, leur paraît sans doute plein de douceur, et ils ne le changeraient ni pour nos campagnes civilisées, ni pour nos cités opulentes. L'homme semble s'attacher davantage à sa patrie quand elle est plus dénuée d'agréments et de charmes, comme les mères qui, parmi leurs enfants, ont toujours un sentiment de préférence pour celui que la nature a le plus déshérité.

A partir de Morceux, nous entrons dans un pays moins désolé et nous revoyons une contrée moins inculte. La verdure revient ; les chênes, les châtaigniers, les ormeaux s'élèvent de nouveau dans les champs. Puis le terrain se met à onduler ; on sent l'approche des Pyrénées. Vers quatre heures nous arrivons à Tarbes.

V

BUGLOSE

Pèlerinage au pays de saint Vincent de Paul

Buglose, ce petit coin de terre, est à jamais célèbre. Les pèlerins y accourent en foule ; les affligés y viennent pour être consolés et les malades pour être guéris. Buglose pourtant n'a produit ni un grand poëte, ni un grand orateur, ni un grand peintre, Homère, Démosthènes ou Raphaël ? Il a produit bien plus que cela : un saint ! Comme la renommée de génie artistique ou littéraire pâlit à côté de la renommée de sainteté ! Une belle action vaut mieux que le plus beau livre ; le plus beau poëme ne peut racheter une action mauvaise. Rotrou a fait de belles tragédies ; il fut un des précurseurs du grand Corneille, qui l'appelait son père. Sa plus belle tragédie pourtant, son titre immortel de gloire qui rayonnera toujours, c'est son dévouement lors de l'épidémie qui ravageait Dreux, sa patrie. Il accourt aussitôt pour combattre le fléau, il se multiplie, il s'épuise et meurt dans son sacrifice. Voilà qui vaut mieux que *Venceslas* et *Chosroës*.

Qui donc maintenant, sinon les poëtes et les savants, va faire un pèlerinage à Mantoue, pour y chercher les traces de Virgile ? Qui donc, sinon les philosophes, va s'asseoir sur le cap de Sunium pour y évoquer le souvenir du divin Platon ? Ce ne sont pas seulement les poëtes et les philosophes qui viennent à Buglose, ce sont surtout de pauvres gens, d'humbles chrétiens, souvent même des mendiants. Tous les rangs et toutes les intelligences viennent prier à Buglose, se confondre dans un même sentiment d'humilité et de foi. Saint Vincent de Paul est à la portée de tous : le peuple doit l'aimer, il est sorti du peuple; les savants doivent l'admirer, il a su faire de grandes choses, de bonnes choses surtout, et laisser une trace ineffaçable dans l'histoire de son siècle.

Buglose est moins qu'un village, à peine un hameau; situé au milieu des Landes, il est bien loin du bruit et de la civilisation. Les gourmets s'y trouveront mal : pas de confortable, des auberges où l'on dîne avec une omelette, du vin si aigre qu'on le laisse bientôt pour l'eau pure. Voilà les jouissances que l'on y trouve pour le gosier et l'estomac. Il faut y venir pour faire un bon pèlerinage, non pour manger et boire : on y mange et boit très-mal. Pour nous, pauvres citadins, dont la vie s'écoule dans l'indifférence religieuse et les fatigues inutiles, qui souvent, emportés par le tourbillon du monde et du plaisir, n'avons pas le temps de prier et de réfléchir, arrachons-nous un jour ou deux à nos pensées et à nos préoccupations habituelles. Puisque nous sommes à Buglose, sachons prier et réfléchir! Conversons avec saint Vincent de Paul! Cette conversation sera salutaire et fortifiante; on n'approche pas impunément des grands hommes et des âmes saintes. Ils répandent autour d'eux comme une rosée féconde et une semence fertile, dont quelque grain peut-être germera en nous. Peut-être notre voyage à Buglose n'aura-t-il pas été inutile, et reviendrons-nous meilleurs de notre pèlerinage au pays de saint Vincent de Paul.

Notre-Dame de Buglose est un bel édifice, qui, comme les cathédrales du moyen âge, s'élève peu à peu, grâce aux offrandes des pèlerins, l'or du riche et l'obole de la veuve. L'importance pécuniaire de l'offrande est peu de chose aux yeux de Dieu ; ce qu'il considère et récompense, c'est l'intention. Vous qui avez peu, donnez peu ; mais offrez-le de bon cœur, et la bénédiction divine descendra aussi abondante sur vous que sur le riche qui abandonne son or. La charité du riche est toujours belle et bénie ; ce qui est incomparablement plus beau, c'est la charité du pauvre.

Donner lorsqu'à peine on a de quoi se nourrir et se vêtir, donner quand on est dans les privations et la misère, quand on gagne à peine, à la sueur de son front, son pain de chaque jour, ce sont là de ces prodiges de vertu et de haute morale qu'il appartenait au Christianisme de faire connaître au monde. Les prêtres de Notre-Dame de Buglose vous diront que de tels actes ne sont pas rares et combien l'obole de la veuve a contribué à l'érection du pieux édifice.

Le grand autel est élégant et peint avec délicatesse. A sa partie supérieure se voit la statue miraculeuse de Notre-Dame des Joncs, longtemps enfouie, et retrouvée par un heureux hasard. Le hasard, a dit un homme éminent, n'est que l'incognito de la Providence. Je regrette qu'on ait peint cette statue : on a cru l'embellir en la couvrant de dorures et de vives couleurs. A la voir ainsi, on pense qu'elle date d'hier, de sa sortie de l'atelier ; en lui enlevant sa simplicité rustique on lui ôte son air d'antiquité et le merveilleux de la légende. Les murs sont pleins déjà d'*ex-voto*, de pieuses offrandes, pour remercier Dieu d'une guérison ou d'une grâce obtenue par l'intercession de Notre-Dame de Buglose.

On se rend par un sentier bordé d'arbres à la petite chapelle, bâtie à l'endroit où fut trouvée Notre-Dame des Joncs.

Elle est simple et rustique, cette simplicité me plaît. A saint Vincent de

Paul, l'ennemi du faste et du luxe, élevez des édifices simples ! Qui ne s'oublierait à prier et à méditer dans cette chapelle ? Quel homme si sceptique et si endurci ne sentirait pas sa pensée se dégager des fanges du matérialisme et des égarements de l'incrédulité dans un élan d'amour et de foi ? La prière semble s'envoler plus légère aux cieux dans ce pays où saint Vincent de Paul pria si souvent. Les ombres de la nuit descendent peu à peu et les horizons lointains disparaissent dans une teinte uniforme ; voici la fraîcheur, le silence, les étoiles brillant dans le ciel ! Tout ici respire un parfum de sainteté. La pensée éprouve un calme inconnu, elle se repose un instant dans le silence des passions et un sentiment nouveau de recueillement et de sérénité. Plus facilement que par les démonstrations philosophiques et les vagues aspirations vers le bien, elle arrive à ces *temples élevés et tranquilles* dont parle le poëte :

> Edita mente virum sapientum templa serena.

En revenant, nous rencontrons des religieuses qui se rendent avec leurs élèves prier à la chapelle. Elles sont d'un ordre fondé par M. Sestac, chanoine de Bordeaux : les Servantes du Seigneur. Leur costume est charmant et gracieux, une robe de bure blanche et un voile noir. De retour à l'hôtel, assis à ma fenêtre, je passe quelques instants tranquilles et recueillis, heureux peut-être, à regarder les monotones horizons des Landes, que la lune argente de ses reflets, à respirer l'air frais et pur, bienfait si doux après une chaude journée, à écouter les cantiques qui s'élèvent dans le silence et bercent doucement mon âme dans un pieux sentiment de prière et d'harmonie. Il y a des moments où le moindre cantique, la plus simple mélodie, font autant de plaisir que toutes les cavatines de Rossini et la science de Meyerbeer.

Dès cinq heures du matin, nous sommes sur les chemins à peine tracés des Landes, dans un véhicule d'une simplicité primitive, une charrette traînée par des mulets. Le soleil se lève pur et radieux, sous ses rayons l'horizon semble s'animer et nous sourire un peu.

Malgré la tristesse de ce pays et la monotonie de ses aspects, je prends plaisir à le contempler. Ces plaines sauvages et désolées me plaisent par leur solitude et leur mélancolie. Le regard, de tous côtés, s'étend à perte de vue. Partout des bruyères, des genêts, des sapins, dans le fond des collines à demi effacées par la distance et la brume matinale.

Par-ci par-là, quelques huttes, quelques cabanes couvertes de tuiles rouges, dont la couleur se détache vivement sur la verdure uniforme de la plaine aride.

Pour animer le paysage, quelques sales bergers, quelques vaches maigres, quelques moutons grêles. Les oasis sont rares ; quand, par hasard, apparaissent deux ou trois champs cultivés, l'œil fatigué de solitude et de stérilité se repose avec bonheur sur ce coin de terre privilégié. Le souvenir de saint Vincent de Paul semble planer sur cette contrée, l'embellir et la sanctifier. Voilà donc le pays où est né, humble et pauvre comme Jésus-Christ, celui qui devait accomplir de si grandes choses ! Voilà les horizons sauvages qui d'abord ont frappé ses yeux, les landes qu'il parcourait en gardant son troupeau. Qui eût pensé qu'un jour la France serait plus fière d'avoir produit ce pâtre modeste et inconnu que d'avoir possédé des rois comme Henri IV ou

Louis XIV, des génies comme Corneille et Bossuet ?

Nous voyons bientôt le chêne antique, dit chêne de saint Vincent de Paul. Son existence semble un prodige. Il n'y a plus absolument que l'aubier et l'écorce, et cependant, chaque année, il produit des rameaux verdoyants et touffus. Il lui faut braver, outre les injures du temps, la piété des pèlerins et des fidèles. Comment venir ici sans emporter quelques feuilles de chêne ? Chacun choisit sa branche, et le vieux chêne remplace bientôt les rameaux coupés. C'était là, à l'ombre de cet arbre déjà séculaire, que le jeune Vincent aimait à venir prier et méditer. Il est des âmes qui semblent attirées irrésistiblement vers le beau et le bien ; pour elles la vertu seule a des charmes, elles ne comprendront jamais les honteuses délices de la volupté. En fait de passions, elles ne connaîtront que celles de la charité et de la prière. Tout ce qu'il y a en elles d'ardeur, de vigueur, d'énergie se porte au bien presque sans effort. Natures bienheureuses qu'il faut envier, qu'il faut essayer d'imiter aussi. Dieu, la justice incarnée, a sans doute déposé dans le cœur de tous les hommes des germes plus ou moins féconds, des semences plus ou moins généreuses. Il n'a donné à aucun une nature assez perverse pour l'empêcher d'être homme de bien. Tout homme, s'il ne veille pas sur lui, s'il ne sait pas régler ses sentiments et ses penchants, a plus ou moins de propension à tourner au mal. Si l'on abdique son énergie et sa force, c'est là que le courant nous entraîne naturellement ; toute la différence, c'est que pour chaque homme le courant est plus ou moins rapide. Ne nous plaignons pas cependant de cette rigueur de notre destinée : elle nous impose sans doute une surveillance incessante, un combat de tous les instants ; mais ce qui fait la beauté de la victoire, c'est la lutte. Plus la tempête est forte, plus les vagues se heurtent avec violence contre les flancs du navire, plus il est beau au pilote de faire arriver le navire au port.

De bonne heure saint Vincent de Paul avait commencé à se tourner vers Dieu ;

à cet âge où, dans ses heures de loisir, trop souvent on se livre à de vaines pensées ou à de dangereuses rêveries, il passait son temps à prier, à se recueillir dans l'admiration des œuvres de Dieu. Si sa nature nous semble privilégiée, son âme prédestinée pour ainsi dire au bien et à la vertu, n'est-ce pas qu'il s'en fit de bonne heure une douce habitude, que ses pas ne s'égarèrent jamais hors du droit chemin, qu'il sut aussi donner à ses actions et à ses pensées ce que j'appellerai le pli du dévouement et de la vertu.

Près du chêne, on élève une belle chapelle ; à l'époque de notre pèlerinage, elle n'était pas encore terminée. Son architecture nous a semblé élégante et de bon goût ; et nous avons admiré le dôme qui la surmonte.

Nous gagnons ensuite le bourg de Saint-Vincent, et nous visitons l'église où le saint a fait sa première communion, humble église, antique et noire, simple et rustique comme le pays qui l'entoure et les chrétiens qui viennent y prier. On y voit encore le banc où s'asseyait le jeune Vincent, et que sa famille, qui existe encore, continue à occuper. Saint Vincent de Paul n'a pas plus désiré les dignités pour ses parents que pour lui. Il les aimait trop pour les arracher à leur vie humble et modeste, pour leur procurer les tentations et les éblouissements de la fortune. Il savait bien que souvent plus on augmente en dignités et en fortune aux yeux des hommes, plus on diminue aux yeux de Dieu. La famille du saint est toujours aussi humble et aussi pauvre qu'au XVIIe siècle, il y a plus de deux cents ans, alors que le jeune Vincent gardait son troupeau, comme jadis sainte Geneviève et Jeanne d'Arc, ces noms immortels qu'il devait égaler un jour en popularité et en sainteté.

Une dernière station avant de finir notre pèlerinage et de quitter ces lieux à jamais saints et célèbres ! Voici la petite chaumière, le modeste abri où est né saint Vincent de Paul. Qui ne verrait cette demeure avec un sentiment de vénération ? Les philosophes et les rêveurs s'appliquent à chercher l'égalité, à donner à tous les hommes ce bienfait précieux. Pour cela, ils détournent les yeux du ciel et de l'Évangile ; ils semblent regarder la religion comme un obstacle à leurs vœux. Où trouver pourtant l'égalité, sinon dans le catholicisme ? Ne nous enseigne-t-il pas que tous les hommes sont frères et que la seule supériorité qui existe aux yeux de Dieu est celle du dévouement et de la prière ? Ne nous apprend-il pas à considérer la vie comme un court passage, le rêve d'une ombre, comme disait Pindare, instant éphémère après lequel toutes les vanités et les distinctions du monde disparaissent dans le même néant et la même tombe ? Quelle religion plus égalitaire que celle qui nous fait nous humilier au pied des autels de saint Vincent de Paul, le saint berger, et sur la tombe de Benoît Labre, le bienheureux mendiant ?

C'est avec de semblables pensées que nous retournons à Buglose. Le ciel s'est obscurci, le soleil a disparu derrière un épais rideau de sombres nuages ; la pluie tombe en murmurant sur la toile cirée de notre véhicule. Les horizons des Landes, qui ce matin semblaient sourire, ont repris leur aspect habituel de monotonie et de tristesse. Les paysages de la nature sont comme le visage de l'homme, et leur physionomie, comme la nôtre, connaît toutes les nuances fugitives qui séparent le sourire des larmes.

VI

TARBES.

Le chemin de fer s'est arrêté ; nous sommes descendus, joyeux de renoncer enfin aux wagons et aux railways. Tandis que voyageurs et voyageuses s'occupent de leurs malles et s'inquiètent de leurs colis, que les omnibus se remplissent de paquets et de touristes, au risque de ne pas trouver place dans le véhicule et d'égarer quelqu'une de nos caisses (ce qui plus tard nous gênera beaucoup), accordons un regard au paysage qui s'étale dans toute sa beauté et sa fraîcheur au sortir de l'embarcadère.

Assise au milieu d'une plaine riche et verdoyante, et qui le paraît plus encore à nos yeux fatigués de sécheresse, Tarbes nous montre à quelque distance ses clochers et ses maisons à demi cachées par des bouquets d'arbres. De nombreuses routes bordées de peupliers sillonnent la plaine. En ce moment, elles sont pleines de vie et de mouvement ; mille voitures, chargées d'admirateurs de la nature pyrénéenne et d'au moins autant d'admiratrices, se dirigent vers Tarbes en soulevant après elles des tourbillons de poussière. On entend les grelots des chevaux, les exclamations énergiques des postillons et les cris moqueurs des gamins.

Le soleil, baissant à l'horizon, colore de ses lueurs éclatantes les clochers de la ville et les champs où ondoient les moissons dorées. Les hirondelles décrivent capricieusement leurs zigzags; les fauvettes et les merles, tapis dans tous les buissons, jettent à plein gosier aux passants leurs notes harmonieuses.

Le fond du paysage est splendide; ce sont les Pyrénées, dont les cimes rosées se détachent sur le ciel bleu. Les grandes ombres des montagnes s'étendent à chaque instant sur la plaine et en chassent insensiblement la lumière.

Nous voici à Tarbes. Tous les hôteliers de la ville ont envoyé leurs émissaires pour nous séduire par l'appât de leurs belles promesses. Tous les hôtels ont des qualités innombrables, la situation est magnifique, les chambres sont de vraies merveilles, la table est succulente ; et tout cela pour un prix si minime qu'il est inutile d'y songer. Armons-nous de scepticisme et d'incrédulité ! Les voyageurs sont-ils des hommes aux yeux des hôteliers et des marchands des Pyrénées ? Je crains bien que non. Ce sont des éponges qu'il faut presser, pour en retirer jusqu'à la dernière goutte de liquide, des bourses qu'il faut dégonfler, de bonnes vaches à lait qu'on va se hâter de traire. Tuer les giaours, chose méritoire, dit le Coran. Tromper les voyageurs, action louable, dit presque en tout endroit le code des populations européennes.

Ne soyons pas trop pourtant sur la défensive ! En dépit de tout ce que l'on raconte, croyons encore aux bonnes âmes et aux additions honnêtes ! D'ailleurs, du trompeur ou du trompé, si le plus risible est le trompé, le plus à plaindre, selon moi, c'est encore le trompeur.

Tarbes a des rues larges et propres, des maisons d'apparence agréable et de construction pittoresque, de beaux jardins qui entourent les habitations et parfument les rues. Au milieu de la ville, on respire l'air vif et embaumé des champs. De rapides ruisseaux à l'eau claire et limpide passent devant le seuil des maisons; les habitants n'ont qu'à se baisser pour puiser cette boisson précieuse dont on se passerait bien difficilement, quoi qu'en disent les ivrognes.

La cathédrale doit être visitée, parce que toutes les fois qu'on arrive dans une ville, il faut toujours visiter la cathédrale. Je ne transige pas sur les principes.

La véritable curiosité de Tarbes, c'est le haras, qui renferme tout ce qu'on peut rêver de plus beau, de plus svelte et de mieux membré en fait d'étalons de race. Quelques-uns coûtent des prix énormes; j'en ai admiré un estimé quatre-vingt mille francs. Au sortir de cette visite, on se sent le désir de commettre une description hippique, de *faire un cheval*, comme Bossuet et Buffon. Mais, tout considéré, nous ne ferions pas un étalon de quatre-vingt mille francs et le mieux est de laisser Bossuet et Buffon dormir sous leurs lauriers.

Ils sont trop verts, dit-il...

Consolons-nous comme le renard de La Fontaine.

Citons encore le vieux château, qui sert aujourd'hui de prison, le pont de pierre sur l'Adour, la promenade du Prado le long du Gave, et nous aurons mentionné tout ce qui mérite ou ne mérite pas d'être vu à Tarbes.

Quatre ou cinq fois l'an, Tarbes sort de son calme et de sa tranquillité. Les rues, ordinairement paisibles, deviennent bruyantes et agitées ; on voit sur les places de nouvelles figures et de nouveaux costumes. C'est le jour du marché ; les peuplades pyrénéennes viennent à la ville échanger les produits de leur industrie contre de l'argent, ce nerf de la guerre partout et toujours. Les femmes ont pris leurs plus beaux atours, les hommes ont endossé leur vêtement le plus pittoresque ; c'est un jour de fête qui interrompt la monotonie de leur vie montagnarde. Pendant quelques heures, Tarbes est plein de vie et d'agitation. Heureux le voyageur qui peut arriver un de ces jours-là. Il surprendra ces natures méridionales dans toute l'expansion de leur joie et de leur gaieté ; il observera, il peindra sur le fait, il nous donnera mille traits de couleur vive et neuve. Ces costumes bariolés, ces Béarnais à la blouse blanche et au béret bleu, ces fruits entassés en piles irrégulières, ces marchandises étalées dans toutes les rues, ces laines, ces fourrages, ces cris, ces chansons, parfois ces querelles, présentent le spectacle le plus piquant, où ce peuple apparaît dans toute la vivacité de sa nature et l'originalité de sa physionomie. Cependant le jour s'avance, le bruit cesse, les rues se dégarnissent peu à peu. Longtemps après que le dernier habitant de Baréges ou d'Ossun a quitté Tarbes, on entend encore les airs et les chansons que répètent les montagnards en retournant à leurs chalets.

VII

EN DILIGENCE.

Ce sera, savez-vous, lecteur, un bien beau temps, alors que les chemins de fer feront le tour du monde, que les Pyrénées, les Alpes et le Caucase seront percés et que l'on passera dans de vastes tunnels sous le Simplon et la Maladetta. Comme on verra bien le paysage, et quels brillants souvenirs rapporteront les voyageurs des glaciers et des cascades !

La civilisation nous réserve encore bien des merveilles. Que je vive seulement encore deux cents ans, et j'espère bien que je ferai en quelques heures le tour du monde. Fi de ces pauvres gens du dix-neuvième siècle qui croyaient aller vite parce qu'ils faisaient quinze lieues à l'heure ! C'était marcher à reculons. Je déjeunerai à Paris, je dînerai à Pékin et je souperai à Valparaiso. Quiconque n'aura pas en sa vie admiré deux ou trois fois le Niagara et visité les sources du Nil, sera montré au doigt. La seule tache à ce bonheur, c'est que le globe sera devenu trop petit. Mais j'espère qu'on aura inventé le moyen de voyager de planète en planète, grâce aux ballons devenus moins rétifs. Quel immense champ de découvertes s'ouvrira tout à coup à l'ardeur exploratrice des Burton et des Livingstone de ce temps-là !

Quoi qu'il en soit, me voici en diligence, prêt à vous ennuyer de quelques descriptions. Vraiment nous avons eu raison d'inventer les chemins de fer et les tunnels.

Devant nous, les Pyrénées ferment l'horizon ; à droite et à gauche, la plaine de Tarbes s'étend avec ses champs cultivés, son panorama varié et ses chemins bordés de peupliers. C'est le matin et les ombres des arbres s'allongent sur les prairies. Les paysans arrivent de tous côtés au travail : déjà les plus diligents sont à l'œuvre; les cris joyeux et les saluts s'échangent de toutes parts. Les routes sont couvertes de fermiers armés de leur bêche ou de leur faux, des villageoises portant sur leur tête le panier qui contient le frugal repas du milieu du jour, d'enfants chassant devant eux des troupeaux de cochons, bêtes intéressantes que M. Taine a trop parfaitement décrites pour que je recoure à propos d'elles aux périphrases. Tout ce tableau dans sa simplicité porte l'âme à des impressions tranquilles et sereines. Tous ces paysans semblent heureux de vivre et de travailler; leurs traits, que le soleil a noircis de hâle, ont de la rudesse et de la fierté. Les enfants portent sur leur visage comme une exubérance de vigueur et de santé ; leurs figures rouges et leurs membres pleins de force forment un frappant contraste avec les traits pâles et les formes débiles des jeunes apprentis et ouvriers des villes. Vie paisible et heureuse que celle des champs, et aujourd'hui trop dédaignée. Les villageois sont possédés par le démon de l'ambition, la plupart rêvent pour leurs enfants un meilleur sort et une destinée plus brillante.

O fortunatos nimium, sua si bona norint
Agricolas !...

C'est un triste signe de décadence et d'affaiblissement pour une nation que cette dépopulation des campagnes. Le mouvement qui attire vers les grandes cités suit une progression ascendante chaque année. Où s'arrêtera-t-il ?.... question affligeante, qui doit préoccuper vivement tous ceux qui ont quelque souci de la grandeur et de la prospérité de la France.

Quelques collines déjà interrompent la monotonie de la plaine ; ce sont les dernières ondulations de ces grands soulèvements dont nos géologues ont refait l'intéressante histoire, et comme les derniers efforts de ces tempêtes et de ces convulsions de la nature. Les montagnes ressemblent à une mer qui se serait solidifiée soudain au milieu d'un de ses accès de fureur.

Ce n'est qu'après Bagnères-de-Bigorre que nous commençons l'ascension des Pyrénées.

VIII

Nous ne faisons que traverser Bigorre ; il est encore matin, et les baigneurs sont à dormir. Un petit mail verdoyant que j'admire, et qui doit être le rendez-vous des promeneurs, n'a pas âme qui vive à s'égarer sous ses allées. Les touristes conservent aux eaux leurs plaisirs et leurs habitudes. On apporte

Paris aux Pyrénées, puisqu'on ne peut apporter les Pyrénées à Paris.

Au sortir de Bigorre, la route commence à s'élever en zigzags sur les flancs de la montagne. A mesure que l'on avance, le paysage augmente et l'horizon s'élargit; nous avons bientôt une des vues les plus étendues et les plus gracieuses que présentent les Pyrénées.

D'un côté, le pays plat que l'on vient de quitter s'étend à l'infini, jusqu'à ce qu'il rencontre la ligne bleue du ciel. Les chalets, les villages, les villes sont posés çà et là, comme des taches blanches et rouges au milieu de la verdure. L'Adour coule en tournoyant à travers les prés et les champs; le soleil qui brille le fait étinceler comme une ceinture de pierreries. Quelquefois un nuage passe sur le soleil, et alors sur tout ce paysage, tout à l'heure éclatant de lumière, l'ombre s'étend en un instant, jusqu'à ce que, le nuage disparu, la campagne rayonne et étincelle de nouveau.

Bigorre est placé à l'issue de la vallée de Campan, entre le gave et la colline de l'Olivet. Ses maisons, irrégulièrement construites, s'éparpillent en tous sens jusqu'au pied des premières hauteurs, le long des jolies promenades qui, de loin, ressemblent à autant de rubans verts. Au centre de la ville, l'église paroissiale élève son haut clocher à flèche aiguë. Un vaste amphithéâtre de montagnes surmonte la vallée où Bigorre est blotti, les cimes rivales se dominent et se surpassent, jusqu'à ce que le regard ait atteint le Pic du Midi, qui montre au loin son sommet gigantesque. Ce tableau n'a rien de sévère et de tourmenté; les flancs des monts sont couverts de villages, de champs cultivés et de bouquets d'arbres; le soleil inonde tout de lumière, depuis les plus hautes cimes jusqu'aux chalets cachés dans quelque coin de la vallée. Le paysage est animé dans son étendue immense, et la nature souriante dans sa majesté.

Nous passons à l'Escaledieu, ancienne abbaye, transformée maintenant en maison de poste. Ensuite la route recommence à gravir les pentes des monts et, de détour en détour, atteint jusqu'au pied des ruines du château de Mauvezins. Ces lieux ont été autrefois témoins de siéges et de combats; ce n'est pas le temps seul qui a dégradé ce château et ébranlé ses fortes murailles. En vain l'on s'élève pour s'arracher au spectacle des passions humaines; les montagnes en savent encore quelque chose et les sommets les plus escarpés vous le raconteront.

IX

Chemin faisant, nous admirons les aspects les plus variés et les tableaux les plus divers. Tantôt l'horizon est immense, les montagnes dessinent à perte de vue leurs profils et leurs sommets. Ce sont les formes les plus pittoresques et les plus dissemblables. Les unes élèvent d'un seul bond leur cime gigantesque, les autres projettent dans l'espace une forêt de pics et d'aiguilles. Les unes s'arrondissent en mamelons, d'autres déchirent l'azur de leur arête aiguë. Nous sommes arrivés au point culminant de la côte que nous gravissions depuis si longtemps; les chevaux fatigués ruissellent de sueur et de fumée. A nos pieds, la vallée rayonne et verdoie.

Puis l'horizon se rétrécit et le paysage borné nous présente un tableau moins étendu et plus gracieux. La diligence court dans une gorge étroite; des deux côtés pendent les flancs boisés des montagnes. Les arbres ont poussé entre les anfractuosités des rochers et forment un manteau vert à leur aridité. Près de nous, le gave coule, en écumant, ses eaux blanches. Les ombres des monts s'étendent sur la gorge, et au sortir d'une chaleur accablante nous jouissons avec délices de cette ombre et de cette fraîcheur.

Ce sont les plus inattendus contrastes. La verdure disparaît, les Pyrénées prennent des formes bizarres et tourmentées : leurs flancs et leurs sommets rocailleux ne sont plus recouverts de la moindre couche de terre végétale, on dirait un corps dont la chair a quitté les ossements. Tous ces monts ont une couleur noirâtre qui assombrit le paysage et attriste l'âme. Des débris de rochers ont roulé jusque dans la vallée, et les pâtres s'amusent à les escalader dans leurs jeux. Ces blocs noirs et immobiles, rangés irrégulièrement, font penser à ces troupeaux que les romanciers écossais nous peignent changés en pierres par quelque vengeance des sorcières.

BAGNÈRES-DE-LUCHON

Luchon est situé dans un des replis d'une fertile vallée, où les villages apparaissent derrière les arbres et s'échelonnent aux flancs des monts ; le gave de la Pique roule ses eaux blanches au milieu des prairies vertes ; des allées d'ormeaux le bordent et étendent leur ombre sur les bancs en pierre. Il serait infini de compter les personnes qui viennent là voir couler l'eau et fort inutile de vous dire que j'en ai souvent grossi le nombre.

De trois côtés, les Pyrénées dessinent sur la ligne bleue du ciel leurs lignes harmonieuses ; au nord, les monts de Venasque la déchirent de leurs noires arêtes et de leurs profils tourmentés. A la vue de ces pics aigus et brisés, on se ressouvient de ces bouleversements gigantesques de la nature dont nous parle la géologie, de ces déchaînements et de ces luttes des forces minérales qui grondent encore sous la mince croûte de la terre, de ces déchirements immenses et de ces soulèvements sans fin dont le génie des savants nous a retracé les différentes crises et les effrayantes convulsions.

Si ces gaves, ces prairies, ces montagnes aux croupes vertes font penser à la puissance et à la bonté de Dieu, ces pics noircis et déchiquetés font songer à la faiblesse de l'homme, pauvre race qui vit ici-bas entre deux orages, et que la terre supporte comme à regret jusqu'à ce qu'elle la brise dans un nouvel ouragan.

L'allée d'Etigny a accaparé toute l'animation de la ville; les autres rues sont désertes; on y voit seulement de loin en loin quelques *naturels* qui aiguillonnent leurs ânes. A l'extrémité de l'allée, en face de l'établissement thermal, est un petit mail où l'on fait de la musique. A quatre heures, les toilettes arrivent et les dames commencent à tenir cour plénière.

Le soir, il y a encore concert. A vrai dire, on n'entend rien et ce n'est là qu'un prétexte pour se réunir. Les accords s'éparpillent dans l'air; c'est à peine si de temps à autre on saisit quelques bribes d'opéra ou de symphonie. Mais la brise est fraîche, le ciel parsemé d'étoiles, la vallée teinte de doux reflets et les monts lèvent tout près leurs masses énormes. La nuit est venue; l'homme est le seul être qui s'agite et se tourmente encore; les forêts elles-mêmes s'assoupissent, un léger zéphyr remue à peine leur feuillage sonore. On n'entend que le gave qui sursaute sur les cailloux; rien n'arrête la rêverie et l'on ne s'aperçoit pas du vol rapide des heures.

Aujourd'hui, tandis que j'étais assis à la chaumière de Bellevue, charmant peti restaurant situé aux flancs de Superbagnères, le soleil inondait la campagne de ses rayons, les Pyrénées étaient baignées d'un air limpide et pur. Devant moi, elles dressaient leurs cimes boisées, leurs croupes arrondies, leurs rochers abrupts; la vallée de Luchon s'étendait à mes pieds, avec sa jolie ville, ses gracieux villages aux clochers aigus, ses sombres allées de platanes et d'ormeaux, ses routes poudreuses, ses prés verts et ses moissons dorées; la rivière de la Pique serpentait à travers tout cela avec ses eaux transparentes, ses gros cailloux et ses flocons de blanche écume. Le paysage entier avait un aspect d'animation et de joie. Je regardais les touristes à pied ou à cheval, répandus partout sur les routes, les voitures remplies de promeneurs; j'écoutais les guides faisant claquer leurs fouets pour annoncer leur arrivée ou leur départ, le grelot des chevaux, les accents de la musique qui du mail de Luchon montaient jusqu'à moi. Les insectes bruissaient, les mouches tourbillonnaient et faisaient étinceler au soleil leurs ailes argentées, les cigales chantaient avec insouciance, tandis que les prudentes fourmis amassaient leurs provisions pour l'hiver. Au-dessus de moi, le ciel était d'un limpide azur et semblait sourire à la terre.

Il n'y a rien de nouveau sous le soleil. Vous n'avez inventé ni la poudre, ni la vapeur, ni les canons; croiriez-vous par hasard, messieurs les touristes modernes, avoir inventé Bagnères-de-Luchon?

Revenons, s'il vous plaît, à deux mille ans en arrière. Les eaux de Luchon étaient déjà connues, ses thermes sont célèbres depuis la plus haute antiquité; Strabon les désigne sous le nom de *Thermæ Onesiæ præstantissimæ.*

Les Romains et les Gaulois accouraient ici en foule, par de belles routes monumentales, construites par les préteurs. A Saint-Martory et à Saint-Gaudens, on retrouve encore les traces des voies romaines. Les centurions venaient ici guérir leurs blessures et les consuls soigner leurs rhumatismes. Ils se promenaient, comme nous, sous quelque allée d'Etigny et s'asseyaient sur les bords du torrent de la Pique, en lisant les derniers ouvrages de Cicéron et les premiers vers de Virgile.

Je ne veux pas médire de l'établissement thermal; il me semble bien construit et bien disposé. Il est probable cependant que les Romains l'eussent regardé d'un air de pitié; ils avaient fait de leurs thermes quelque chose de splendide. Voyez ceux de Julien et de Caracalla! Deux mille ans plus tard, leurs ruines défient encore la main du temps.

Le dix-neuvième siècle est une époque de fièvre et d'agitation maladive. On se hâte de construire, comme on se presse de vivre. Après quelque dix ans tout au plus, nos murs se crevassent et nos habitations se lézardent. Comme les pasteurs de la Chaldée, nous n'avons plus que des tentes et notre vie nomade et errante ne sait où se tenir et se poser.

Au commencement de l'ère chrétienne, Bagnères-de-Luchon était, comme aujourd'hui, le rendez-vous d'une société brillante et nombreuse. Puis vint l'invasion des barbares; la civilisation romaine disparut dans ce bouleversement. Bagnères fut abandonné. Quels descendants assez dégénérés de Cursor et de Cincinnatus auraient pu songer à faire des voyages d'agrément, alors qu'Attila menaçait tout l'Occident d'une entière dévastation et qu'Alaric attachait ses chevaux aux statues du Capitole ?

Ce ne fut qu'en 1754 que les étrangers reprirent le chemin de Luchon. M. d'Etigny, intendant d'Auch, fit percer des routes et planta la belle allée qui porte son nom ; ce qui révolta tous les Luchonnais d'alors, qui le reçurent avec des pierres.

Depuis lors, Luchon a vu renaître son ancienne splendeur; les malades viennent redemander la santé à ses eaux et les touristes admirer ses gracieux horizons. Chaque année, la foule des étrangers y accroît. Les Français du dix-neuvième siècle ont succédé aux Romains d'Auguste , l'établissement thermal actuel remplace les thermes Onésiens et l'Église catholique le temple du dieu Liscon. Tout a changé, religion, coutumes, maisons, arbres et promeneurs, tout, excepté les montagnes qui rayonnent dans le ciel bleu et les glaciers qui resplendissent sous leur manteau de neige.

La comparaison est féconde et fait naître en notre esprit bien des idées nouvelles. N'en abusons pas cependant! Quand vous voyez un tableau de Ingres, ne songez pas aux chefs-d'œuvre de Raphaël ! Que le souvenir de la cascade du Giessbach ne vous empêche pas de regarder avec plaisir la cascade du curé !

Je ne puis supporter ces touristes qui, en face d'un joli paysage, se dispensent d'admirer, sous prétexte qu'ils en ont vu de bien plus beaux. Ceux qui n'ont rien vu encore éprouvent, devant ce dédain, quelque honte de leur admiration. Heureux les voyageurs chez qui l'expérience des voyages n'a pas émoussé le sentiment de l'admiration, comme les vieillards dont l'expérience de la vie n'a pas flétri le cœur !

Après avoir traversé le village de Montauban, on entre dans le jardin du curé, où des massifs et de vertes pelouses s'étagent aux flancs de la montagne. Au détour d'une allée, on entre dans une petite gorge qui se prolonge entre des rochers noirs. On rencontre trois vieilles femmes, peut-être de la famille des sorcières de Macbeth. Je m'attendais à chaque instant à les voir se retourner pour me dire avec un geste prophétique : « Tu seras roi ! » Mais elles n'ont pas desserré les dents, sinon pour demander un pourboire, et je suis revenu sans le moindre espoir de remplacer sur les trône le roi de Grèce ou l'hospodar de Roumanie.

La cascade tombe en blanche nappe au milieu des rochers écroulés. Pendant quelques instants, elle serpente dans la gorge étroite ; puis elle va former des cascatelles dans le jardin du curé.

Heureux curé ! Au retour de ma petite excursion, je me suis assis quelques instants dans son jardin, sur un banc rustique, à l'ombre d'un bouleau qui balançait au-dessus de moi sa tête touffue. J'ai lu quelques pages dans cette situation charmante, parcourant quelques lignes et regardant la vallée. Heureux curé! c'est là que tu lis ton bréviaire et que tu te promènes, matin et soir. Avec un si joli jardin, en vue d'un si bel horizon, qui ne voudrait toujours dire son bréviaire? Comme on est bien à prier, à l'ombre de ces bouleaux et de ces saules, devant ces buissons de roses et de jasmins, auprès de ces cascatelles qui tombent avec un bruit harmonieux!

Je n'ai pas vu le curé possesseur de ce joli jardin; mais, si je l'avais rencontré, voilà, je m'imagine, ce qu'il eût pu répondre à mes divagations : « Vous en parlez bien à votre aise, monsieur le rêveur, et vous devez être, tout au moins, faiseur de descriptions ou enfileur de quatrains. Peut-être même quelque journal reçoit-il de temps en temps, de votre part, la confidence de phrases aussi alambiquées que celles de tout à l'heure ? Je plains l'écrivain et plus encore le lecteur. La poésie et la rêverie s'accordent très-mal avec la carrière sacerdotale ; je n'ai envie de vous céder ni mon jardin ni mon presbytère, mais je vous assure que vous feriez un très-mauvais curé. A-t-on besoin de l'ombre des bouleaux et des hêtres, du voisinage des buissons de rose et des cascatelles, pour bien prier Dieu ? Avec tous ces beaux semblants de sentimentalité et cette ardeur de contemplation, vous passeriez tout votre temps à regarder les montagnes et toute la journée à lire votre bréviaire. C'est sans doute une pieuse occupation ; pourtant un curé n'est pas fait que pour cela. Ces montagnes vous semblent admirables ; peut-être vous sembleraient-elles moins charmantes si, comme moi, vous les gravissiez souvent pour aller porter le viatique à quelque pâtre, à quelque montagnarde dangereusement malade dans sa chaumière. Vous regretteriez alors de les voir si hautes ; votre esprit serait plus occupé d'une âme à sauver que des glaciers à admirer. Je voudrais bien vous voir ici pendant l'hiver. Que diriez-vous, monsieur le touriste? Cette année, si vous voulez, au mois de décembre, je vous cède pour quinze jours la cure de Montauban, et je vous laisse souhaiter la bonne année à mes paroissiens. Vous irez, si vous pouvez, rêver à l'ombre de mes saules, auprès de mes cascatelles. Les montagnes sont belles, en juillet; songez que, pendant huit mois de l'année, nous avons trois pieds de neige, un froid qui glacerait vos rêveries, et une brume qui arrangerait vos descriptions. Pendant ce temps-là, je fais de même mes courses pastorales : on meurt aussi bien en décembre qu'en juillet, et la neige ne m'effraye pas plus que le grand soleil. Le prêtre n'est pas fait pour rêver, mais pour agir. Maintenant, je l'avoue, mon jardin est charmant, mes roses embaument, mes cascades tombent avec un doux murmure, la vallée verdoie et les montagnes étincellent. Mais tout cela m'occupe peu; jardin, pelouses, cascades, beaux horizons, je donnerais de grand cœur tout cela pour sauver une âme. »

LE LAC D'OO.

Pour se rendre au lac d'Oo, il faut traverser d'abord la vallée de l'Arboust. Cela se fait rapidement, par un beau temps, en bonne compagnie, au trot de ces petits chevaux pyrénéens, lestes, agiles, infatigables, au caractère docile, au pied sûr, bien faits pour réconcilier avec l'équitation les plus inhabiles cavaliers. Sur ces parfaites montures, il n'y a rien à craindre, et, si l'on chavire, c'est que vraiment, dans les mers les plus paisibles, il y a toujours des vaisseaux prédestinés au naufrage.

Nous traversons les trois villages de Saint-Aventin, Tayaux et Oo, humbles bourgades, aux églises antiques et curieuses, épargnées par la main du temps. Oo n'est qu'un pauvre assemblage de chétives bicoques, sur une pente rapide, pavée de mauvais petits cailloux, à la mode d'Espagne.

Nous entrons dans la vallée de l'Astau qui nous offre la plus riante végétation et les plus frais aspects.

La route, bordée de frênes, serpente au travers des prairies vertes. Le gave nous accompagne de sa gaieté et de son murmure. Tantôt ses eaux bondissent et bouillonnent au milieu des cailloux; tantôt elles s'endorment sur la terre unie. A gauche, le pic de Céciré; à droite, celui de Nère. Devant nous, des collines couvertes de hêtres et de sapins.

Bientôt, les arbres disparaissent. Nous cheminons par un sentier étroit, sur le flanc pierreux de la montagne. Le gave s'élance, dans une gorge sombre, en blanche nappe, à plusieurs jets, et le poétique langage des *naturels* nomme cette chute la *Chevelure de Madeleine.* Une multitude de petits torrents se précipitent en tous sens et se perdent dans les blocs entassés. La chaîne suinte par tous les pores.

Au détour d'un bouquet de sapins, nous apercevons le lac.

Nous le traversons en barque, pour voir la cascade qui, tout au fond, jaillit d'une hauteur de 265 mètres et tombe en pluie d'écume. Nous escaladons les rochers croulants pour nous approcher de la chute, et nous restons longtemps à regarder les monts abrupts, les escarpements gigantesques, les glaciers étincelants, la blanche maison du fermier, posée près des flots, et la barque qui allait chercher de nouveaux touristes et laissait derrière elle un long sillage dans l'eau verte.

L'aspect du lac d'Oo est sévère. Ici rien ne plaît, rien n'attire. Toute grâce est absente, tout charme est banni du paysage. Il n'inspire que des pensées austères et tristes comme lui.

Ses ondes dorment, encaissées de toutes parts par de hautes montagnes aux neiges éternelles. Sa surface est protégée des vents. De tous côtés, le rempart gigantesque la préserve de leurs atteintes. Tandis que l'ouragan, sévissant sur la cime, bouleverse la neige et précipite les sapins dans les gorges, elle se ride à peine, elle dort, jamais troublée, au milieu et au bruit des rafales.

Pourquoi le cœur humain n'est-il pas favorisé comme elle? Que n'a-t-il, lui aussi, une barrière inaccessible pour l'abriter, des Pyrénées pour le défendre? A-t-il moins besoin de protection que ces nappes limpides, lui dont le flot est plus ondoyant et plus mobile encore? N'est-il pas aussi profond que les lacs, aussi prompt à se soulever dans ses gouffres, aussi lent à s'apaiser dans ses abîmes? Et, quand la passion se déchaîne et le bouleverse, n'est-elle pas la plus furieuse et la plus redoutable de toutes les tempêtes?

LE PORT DE VENASQUE.

Le port de Venasque est la plus belle excursion des environs de Luchon. Une route carrossable, à travers une forêt d'aunes et de bouleaux, conduit à l'hospice. C'est là que les guides et les chevaux vous attendent.

La situation est délicieuse. Les monts de l'Entécade arrondissent leurs mamelons et réjouissent le regard de leurs ondulations et de leur verdure. A droite, Super-Bagnères montre sa croupe boisée, rayonnant au soleil. Aux sommets, par nuances insensibles, les forêts et l'azur se mêlent et se confondent. Les lignes sinueuses glissent harmonieusement, avec un charme infini, au bord du ciel. Dans un lointain vaporeux, on voit fuir, presque effacés, les étages indécis des cimes reculées.

Devant nous, le port de Venasque élève la multitude de ses pics aigus et de ses crêtes déchiquetées.

Que d'aspects variés, que de perspectives diverses dans un même paysage de montagnes! Ici, dans le même horizon, la sublimité et la grâce, la sérénité et la tristesse ! On songe à la fois à la puissance et à la bonté de Dieu, qui, devant vos yeux, s'étalent et apparaissent en traits si visibles. C'est le Dieu jaloux qui, dans un des bouleversements de la terre, a fait sortir du chaos ces pics noirâtres et ces sommets déchirés. C'est le Bon Dieu qui a créé ces pentes douces et ces croupes arrondies que le moindre éclat du soleil fait rayonner et sourire.

On s'attarderait dans cet endroit, si l'on n'écoutait que son plaisir. Pour comble, on y trouve un petit vin clairet, chéri des touristes. Le soleil et la poussière, qui dessèchent le gosier des étrangers, rendent bon service à l'hôtelier et l'aident à vider sa cave. Quitter cette place où l'on est si bien à l'ombre des arbres et au souffle de la brise, pour aller griller de longues heures sur des pentes raides, cela semble dur. Mais un touriste est comme un soldat. Si celui-ci doit fuir les délices de Capoue, celui-là doit s'arracher aux séductions de la vallée de Tempé. Les hautes montagnes se dressent devant nous, et, pour escalader leurs sommets, il ne s'agit pas de bucoliques.

Nous franchissons le gave de la Pique. Pendant quelque temps, nous foulons de maigres gazons. Bientôt le sentier serpente sur les déclivités arides.

Nos chevaux se suivent lentement, leurs flancs commencent à fumer. Les guides se mettent à claquer de leurs fouets et à éveiller les mille échos de la montagne.

A mesure que nous avançons, les pics semblent se multiplier ; les pitons et les arêtes se suivent et se succèdent ; les teintes noires s'assombrissent encore.

A droite, aucune végétation ; la mousse elle-même trouve à peine où s'accoler, aux flancs des rochers. Des fentes profondes sillonnent les escarpements abrupts. Ce sont les blessures que les avalanches et les torrents ont faites à la dure cuirasse des monts. Chaque hiver augmente ces cicatrices et rend la plaie plus profonde.

A gauche, c'est le même aspect, quoique un peu adouci dans sa sévérité et sa tristesse. Si les rochers ont des tons aussi noirs, parfois quelques broussailles s'accrochent à leurs parois. De maigres bouleaux laissent frissonner leurs branches au-dessus des précipices. Des pins élèvent leurs colonnes dénudées, et, entre deux blocs, au milieu d'herbes chétives, on voit fleurir des campanules et quelques graminées.

Plus haut, nous apercevons cinq lacs, de dimensions diverses. Leurs eaux bleues dorment aux pieds des dernières cimes.

Les chevaux s'engagent dans un rapide escalier. C'est une fente énorme de la montagne, comme à Gavarnie, la brèche de Roland. Des deux côtés, des escarpements perpendiculaires. Sur nos têtes, l'azur, entre les deux cimes rapprochées, ne forme qu'une bande, étroite et lumineuse. Soudain, nous arrivons au sommet du Port ; un paysage immense se déroule devant nous, et nous découvrons tout à coup la masse des Monts-Maudits.

Voici la Maladetta, rayonnante, énorme, gigantesque, avec ses cimes longtemps vierges, la parure éclatante de ses glaciers, les bouquets de pins qui tachètent ses flancs, ses crêtes qui se réchauffent au soleil et semblent défier les rayons de fondre leurs neiges éternelles. C'est un sublime aspect. Il émeut, il frappe, il étonne.

J'ai vu, depuis lors, des montagnes plus hautes, des chaînes plus superbes, de plus merveilleux aspects. Il m'a été donné de contempler le mont Blanc, le Djurjura, les Balkans, le Sannin et le Sinaï. Mais j'ai rarement ressenti une émotion aussi vraie et aussi franche.

C'est que peu à peu l'âme se lasse et les yeux se fatiguent, que l'on se fait à tout, même au sublime, que les premières impressions ne se retrouvent plus, et qu'enfin l'admiration a sa jeunesse, comme le cœur.

SAINT-BÉAT.

Saint-Béat est une petite ville, située à l'endroit où la vallée qui conduit en Espagne se resserre tout à coup, comme étranglée. D'un côté, les montagnes tombent en murailles perpendiculaires, où s'adossent quelques pauvres habitations, où quelques arbres rabougris s'accrochent dans les crevasses. De l'autre, elles ont moins d'aspérité et de rudesse, et leurs flancs, un peu plus loin, s'abaissent en pentes douces. La Garonne traverse la ville et la divise en deux parties. Les vieilles maisons s'alignent sur ses bords et se reflètent dans ses eaux bleues. C'est déjà une jolie rivière, assez large, mais peu profonde ; à travers son miroir transparent, on aperçoit le fond de son lit, en sable d'or semé de cailloux blancs. Elle coule paisiblement et avec lenteur, comme un voyageur qui a un long chemin à faire et qui réserve ses forces.

Tout près de la ville est une belle carrière de marbre blanc, depuis longtemps connue. On l'exploite encore à ciel ouvert. Les ouvriers fouillent dans le roc. Les gros blocs se détachent, et les belles veines du marbre apparaissent dans les déchirures de la montagne.

Mais ce qui frappe tout d'abord, c'est une petite colline escarpée, s'élevant au milieu de l'étroit défilé; elle est surmontée d'une tour carrée éblouissante et d'une blanche statue de la sainte Vierge, les bras étendus, l'un du côté de la France, l'autre du côté de l'Espagne, comme pour bénir à la fois ces deux peuples catholiques qui conservent encore son culte et qui n'ont pas voulu priver leur misère de sa puissante intercession dans le ciel. Un sentier reserré conduit en zigzag à la plate-forme du petit monticule. Un petit jardin couvre ce coin de terre; quelques roses, quelques jasmins, quelques pâles œillets s'enlacent au piédestal de la statue et croissent au pied de la tour. C'est aujourd'hui une chapelle dédiée à la sainte Vierge. Les vieux murs ont été restaurés, et un autel s'élève maintenant sous leurs voûtes. Cet édifice était autrefois un château fort; sa position était admirable ; il dominait la vallée et commandait l'étroit passage.

Les voyageurs s'arrêtent, d'ordinaire, dans une petite hôtellerie dont la terrasse est baignée par la Garonne. En face se trouve un mail verdoyant et une église antique, construite par la piété du moyen âge. J'y suis descendu, et j'ai contemplé avec mélancolie cette humble rivière, que j'ai vue à Bordeaux si vaste et si majestueuse. On aime remonter à la source des fleuves comme à la naissance des grands hommes. C'est pour nous une sensation singulière de retrouver ainsi petit et modeste ce que nous avons vu puissant et magnifique. La nature nous présente souvent ainsi des sujet de méditation et de rêverie. Ils nous ressemblent, ces fleuves; comme nous, ils naissent, s'accroissent et grandissent; puis ils aboutissent à la mer, comme nous arrivons à l'éternité. Seulement nous ne sommes, la plupart du temps, que d'humbles ruisseaux, dont nul ne suit le cours, et notre perte dans l'Océan n'est connue de personne.

Le jour de mon passage à Saint-Béat, une douzaine de voyageurs croyaient avoir été attaqués par trois ou quatre brigands espagnols. L'affaire avait été chaude ; un cocher en avait perdu son chapeau, de frayeur, et un touriste prétendait avoir reçu un coup de poing. Ils étaient beaux à voir, la figure animée de l'ardeur du combat, gesticulant avec énergie, se racontant leurs exploits et se félicitant de leur courage. Toute la ville était en rumeur ; les notables du lieu s'assemblaient par groupes, imposants comme les vieillards d'Homère ; tout le monde se mettait aux fenêtres et les gendarmes seuls conservaient leur sérénité majestueuse. L'homme au coup de poing était le héros de la journée, et chacun considérait avec respect cette grande victime.

Ces voyageurs doivent avoir de l'imagination. De retour dans leurs foyers, ils trouveront, bien sûr, dans tout cela la matière d'une aventure tragique. Le chapeau perdu se transformera en une lutte acharnée entre les guides et les assassins, et le coup de poing deviendra un coup de poignard.

BAGNÈRES-DE-BIGORRE

I

L'aspect de Bigorre est riant : les maisons, coquettes et propres, ont des assises de marbre et leurs blanches murailles étincellent, quand le soleil rayonne. Les rues serpentent capricieusement, les unes spacieuses, les autres étroites ; l'esprit ingénieux de l'administration n'a pas songé encore à les tirer au cordeau et à y introduire les beautés de l'angle droit. Des ruisseaux courent gaiement sur le pavé et réjouissent les regards par leur limpidité et leur fraîcheur. L'Adour traverse une extrémité de la ville et roule sur des cailloux son flot clair.

Au centre de Bigorre est la promenade des Coustous ; c'est l'endroit qu'affectionnent les touristes possédés du désir de retrouver les Champs-Élysées au pied des montagnes. Les dames élégantes étalent leurs toilettes nouvelles ; les robes de soie traînent sur le sable, les dentelles couvrent les mantelets ; on voit que les belles promeneuses n'ont pas rompu encore avec les vanités du monde. Le dimanche, la population pressée présente toutes sortes de costumes variés et de physionomies originales ; près du jeune dandy habillé à la dernière mode, on aperçoit un montagnard serré dans son rustique justaucorps ; à côté du visage pâle des Parisiennes, la figure hâlée des paysannes.

A l'extrémité de la place, l'église élève son clocher hardi ; ses murailles noires et ses fenêtres ogivales témoignent de son antiquité. Que de fois elle a vu se renouveler la foule des baigneurs qui, chaque année, se presse sous ses voûtes ! Toutes ces maisons blanches et ces hôtels modernes seront tombés depuis longtemps, que le vieux monument sera encore debout et enverra aux montagnes le tintement de ses cloches.

Les Thermes sont un beau bâtiment à la façade régulière, percée de nombreuses croisées ; c'est plein de simplicité et, par conséquent, de bon goût. Par derrière monte une colline, plantée de grands arbres. Tout est là réuni, casino, bains, salle de conversation, de concert, de jeu et de bal. C'est là que les touristes, grands amateurs de beaux horizons, viennent passer leurs journées et admirer la nature.

Quelques pas plus loin, commence la vallée de Campan, encadrée par des collines qui, d'un côté, verdoient et, de l'autre, montrent leurs flancs arides. Là, les prés sont fleuris, les arbres ombreux, les ruisseaux limpides et murmurants ; la route où se croisent les voitures est bordée d'élégants cottages et de chalets qui aspirent à être rustiques. Tout est joli, propre, vert, bien arrangé, comme les allées d'un jardin anglais. Mais, en levant les yeux, vous apercevez le Pic du Midi, qui s'élance d'un seul jet dans l'azur.

II

LE PIC DU MIDI ET BARÉGES.

Pour aller de Bigorre au Pic du Midi, on suit d'abord la grande route qui traverse la vallée de Campan. A chaque instant, on trouve des villages ; à chaque fenêtre des visages curieux admirent la majesté de la cavalcade ; la poussière s'élève en blancs tourbillons sous le galop des chevaux. Le ciel est sans nuage. Nous nous en réjouissons malgré les coups de soleil qui en résulteront peut-être. Le Pic du Midi se voile souvent et ne laisse admirer qu'à de rares visiteurs le bel horizon que l'on découvre de son sommet. Nombreux sont les touristes qui ne rapportent de cette ascension que le souvenir d'un bain de vapeur.

Nous nous arrêtons à l'auberge de Gripp. La vallée est toujours riante; des champs de lin et de blé côtoient la route, et le gave, bordé d'aunes et de bouleaux, ressemble à un diamant qui luit entre des émeraudes. Mais les montagnes sont devenues arides ; leurs flancs noircis n'ont pas pour vêtement le moindre gazon, et cette couleur sombre contraste avec la teinte verdoyante de la vallée.

Au delà de Gripp, l'ascension commence. Nous traversons d'abord de longues prairies à la verdure maigre ; les sauterelles crient, joyeuses de l'ardeur du soleil, et les papillons montrent en voltigeant les couleurs variées de leurs ailes. Bientôt les rochers grisâtres s'élèvent perpendiculairement ; à leurs sommets, des vautours ont fait leur nid ; on les voit planer lourdement, cherchant une proie à leur voracité, et des armées de corbeaux s'enfuient avec effroi, à l'approche de ces redoutables voisins. Le sentier fait des lacets sans fin, obstrué à chaque instant de gros blocs et de pierres aiguës ; parfois, à un de ses détours, nous apercevons une vieille femme, aussi desséchée que le paysage et aussi noire que le sou que nous lui jetons. Les guides éveillent avec les claquements de leur fouet les mille échos de la montagne ; de temps en temps, nous croisons une cavalcade, composée de touristes intrépides qui ont fait l'ascension, pendant la nuit, pour assister au lever du soleil. Après avoir vu le lac d'Oncet, nappe azurée qui dort près de la dernière cime, nous arrivons enfin au Pic du Midi, et nous escaladons ce sommet qui, depuis si longtemps, semblait nous défier de le gravir.

La vue est splendide et réunit dans son ensemble les tableaux les plus divers et les contrastes les plus variés. D'un côté, la plaine s'étend à l'infini et forme un dessin aux nombreux caprices. Les pâturages de Lesponne s'abritent au pied de la montagne dont les assises ébranlées leur enverront, quelque jour, une avalanche de pierres. Bagnères étale ses maisons blanches, au commencement de la vallée de Campan et à l'entrée des Pyrénées. La vallée de l'Adour se prolonge entre de verts coteaux, et le fleuve argenté, bordé de villages, reluit au soleil dans ses capricieux zigzags. De grands arbres serrent, à l'horizon, leurs longues files ; les haies vives entourent les champs de leur ceinture sombre. Le paysage est nuancé de toutes les couleurs et orné de toutes les teintes ; les moissons, les prés, les carrés sablonneux, les villages reluisants, les gaves écumeux, tout cela prête un charme de plus au tableau. Au loin, on aperçoit une tache éblouissante ; ce sont les haras de Tarbes, dont les blanches murailles resplendissent par un beau jour.

Puis, les collines ondulent, s'élèvent et deviennent des montagnes ; celles-ci bordent l'horizon, pareilles aux grandes vagues que la mer soulève dans ses orages. Tout près leurs teintes sont grisâtres et leurs croupes arides. Mais à mesure qu'elles s'éloignent, l'air limpide adoucit leurs aspérités et leur jette son voile bleuâtre. Là-bas, au bord du ciel, leur sérénité est divine ; elles se succèdent toujours et semblent fuir, comme ces nymphes antiques qu'un œil profane apercevait parfois menant leurs danses. Le Pic d'Ossau s'élance d'un seul jet, le Néouvieille élève sa double cime, le Mont-Perdu étale sa masse calcaire, et l'amphithéâtre de Marboré borde l'horizon de ses lignes sinueuses. La Maladetta domine le tout et s'approche plus près du soleil, comme si elle avait froid sous son manteau de neiges.

Après avoir fait une courte halte à la *Hourque des Cinq Ours*, petite auberge située presque au sommet de la montagne, en face du lac d'Oncet, que la brise du soir commence à rider, nous redescendons par le versant opposé du Pic du

Midi. A mesure que nous avançons, le paysage prend un aspect sévère et désolé. Les monts, de tous côtés, ont des formes bizarres. La végétation disparaît presque entièrement. Quelques pins élèvent, de loin en loin, leurs pyramides, et des rhododendrons parfumés croissent dans les crevasses béantes. Le gave rugit en désespéré et se fraye, à grand' peine, un chemin au milieu des pierres éboulées qui obstruent sa marche. Quelques arbustes rabougris baignent leurs pieds dans ses eaux. De nombreux troupeaux, disséminés partout, dans la vallée aride ou sur le versant des montagnes desséchées, trouvent à peine un brin de verdure ou une touffe de gazon. On entend, de tous côtés, le tintement argentin de leurs clochettes, qui se mêle aux clameurs du gave. Le soleil, près de disparaître, colore en vain de ses teintes rosées la plaine blanchâtre et les sommets dépouillés. La gorge de Baréges ressemble à un visage austère qui ne sait pas sourire.

Baréges est un pauvre hameau. Les maisons forment une longue file et s'alignent en descendant. Des baraques et des cahutes en bois, pêle-mêle avec les bâtiments en pierre, donnent au village un air de tristesse et de misère. Les habitants, ici, ressemblent un peu à ces anciens pasteurs, toujours prêts à plier leurs tentes pour aller dans un autre séjour. L'hiver est rude dans cette gorge désolée, le froid y est vif et la neige haute de cinq pieds. Chacun s'enfuit, à la première avalanche, pour revenir, au premier rayon de soleil. Quelques pauvres montagnards restent seuls, pour garder le hameau. Au commencement de mai, chacun retourne à Baréges ; on relève sa cahute abandonnée, et l'on s'apprête à *chasser à l'étranger*, seule chasse qui soit profitable maintenant dans les Pyrénées, puisque l'isard devient de plus en plus rare et sa poursuite plus ingrate et moins fructueuse.

Une quantité d'écloppés remplissent la grande rue. Tous ces promeneurs boitent ou marchent péniblement avec des béquilles ou des jambes de bois. De vieux soldats blessés forment la majorité de la bande. Tous ces visages souffrants, ces corps malades, ces membres disloqués vous donnent une invincible impression de tristesse. Ici, tout est en harmonie, montagnes, maisons et baigneurs ; la pensée s'assombrit naturellement et le touriste le plus gai, à l'aspect de toutes ces douleurs humaines et de cette désolation de la nature, éprouve involontairement un instant de mélancolie.

La nuit est venue, comme nous sortons de Baréges, et la lune argente les cimes des monts. A mesure que nous approchons de Luz, nous sentons que le paysage change et que la nature devient plus gracieuse. Le chemin est bordé de grands arbres ; de petites maisons couvertes d'ardoises s'élèvent près de la route ; la brise du soir a des senteurs embaumées ; le gave court au milieu des prairies vertes et a repris son doux murmure.

III

LUZ.

Luz est une petite ville qui plaît à tous les voyageurs. Les maisons simples ont une apparence de demi-richesse. Les rues sont propres et animées. De beaux hôtels vous offrent l'hospitalité. Mais ce n'est pas celle des montagnards écossais.

Les alentours sont charmants. Rien de plus frais que la vallée de Luz. Nos regards, qui, tout à l'heure, dans la gorge de Baréges, s'étonnaient de tant d'aridité et de désolation, admirent maintenant tant de grâce et de verdure. Le gave roule paisiblement ses flots transparents sur des galets bleus. De hauts peupliers, des aunes, dont le plus léger vent agite la chevelure, le bordent dans ses mille détours et se mirent dans ses eaux. De jolies prairies, émaillées de fleurs, réjouissent la vue de leurs teintes claires et veloutées ; leurs herbes fines et serrées ressemblent aux pelouses des jardins anglais ; jamais chambre de roi n'eut un pareil tapis. D'innombrables ruisseaux traversent en tous sens la vallée et l'animent de leur gai murmure ; leurs petites vagues baignent le gazon et étincellent, comme autant de perles, aux rayons du soleil ; elles bondissent follement, s'agitent, se pressent et vont se jeter dans le gave. La culture s'avance sur les pentes des montagnes jusqu'à ce qu'elle rencontre le roc aride. Les cimes noires et les crêtes escarpées contrastent avec la douceur souriante de la vallée. Baissez les yeux : voici la fraîcheur, la verdure et le murmure des eaux courantes. Levez-les : voici les sommets dénudés, les pics dentelés et les aiguilles pointues. Ce contraste est surtout frappant, quand le temps est brumeux, et que de gros nuages, à la marche lente, effleurent le dos des montagnes. Alors leurs sombres profils s'obscurcissent encore ; leurs noirs escarpements sont pleins de rudesse, et rien n'adoucit l'austérité de leur aspect sauvage.

L'église de Luz est antique et curieuse. Elle appartenait jadis aux Templiers, cet ordre célèbre dont la fin tragique a fait oublier les fautes. Ses tours carrées sont surmontées de créneaux et percées de meurtrières ; des fers rouillés, des étriers, des débris de lances sont suspendus aux murailles ; au premier étage, on voit quatre fusils, oubliés par les derniers ligueurs : ils sont encore sur leurs chandeliers tournants, tout prêts à faire feu sur les huguenots. Cette église était une forteresse ; ses vieux remparts ont essuyé plus d'un siége, et bien des messes y ont été célébrées au bruit des combats. Les discordes religieuses ont, à plusieurs reprises, couvert de sang et de ruines ces belles provinces du Midi, que Dieu a faites si riantes et si fertiles.

Au milieu de tous ces débris, dans un coin sombre de la vieille tour, vous pouvez vous livrer à la rêverie. Il est facile ici d'évoquer le moyen âge. Des pas ébranlent l'escalier en ruine ; n'allez-vous pas voir paraître les ligueurs, aux figures bronzées ? Ces chants qui s'élèvent sous les voûtes de l'église, ne sont-ce pas les voix des moines ascétiques, ravis dans leur extase ? Ces clameurs qui retentissent là-bas dans la vallée, ne sont-ce pas les cris effrayés des paysans, fuyant à l'approche des huguenots ? Le vieux beffroi, signal d'alarmes, ne va-t-il pas résonner dans la vieille tour ?

Tout à coup, vous voyez deux honnêtes touristes apparaître au détour de l'escalier. Ces redingotes ne ressemblent aucunement au justaucorps des ligueurs ou au froc blanc des moines ; ces chapeaux à haute forme n'ont aucun rapport avec les casques qui reluisaient devant vos yeux ; ces profils souriants, ces visages encadrés de favoris blonds rappellent peu les figures énergiques et bronzées qu'évoquait tout à l'heure votre imagination. Vous tressautez, vous vous frottez les yeux, vous sortez de votre torpeur. Adieu le moyen âge et tous vos rêves! En une seconde vous êtes revenus brusquement du seizième siècle au dix-neuvième.

L'intérieur de l'église serait beau, si l'on n'avait essayé de l'enlaidir. Des dorures pâles et des peintures bleu clair couvrent la voûte. Tout cela contraste bizarrement avec les épaisses murailles et les antiques arceaux. L'église me plairait bien mieux dans la nudité sévère et la simplicité de son architecture romane. Tous ces petits ornements produisent un effet déplorable ; vous diriez un vieillard imposant qui met du rouge et tâche d'effacer ses rides.

IV

SAINT-SAUVEUR ET GAVARNIE.

Une belle route, plantée d'arbres, mène de Luz à Saint-Sauveur. C'est une ravissante promenade : le chemin est bien entretenu, des ruisseaux courent des deux côtés et vous accompagnent de leur gai murmure. Vous vous croyez encore à Luz, que vous êtes déjà à Saint-Sauveur.

Saint-Sauveur est un village dont les maisons élégantes forment une longue rue sur la première assise de la montagne. D'un côté, le roc vif, sillonné d'entailles et béant de crevasses, montre sa muraille schisteuse; de l'autre, il descend en pente raide, jusqu'aux profondeurs où gémit le gave.

L'établissement thermal est en marbre et orné de colonnes; son architecture est simple et gracieuse. Des tilleuls en fleurs le séparent du précipice et le caressent de leurs branches embaumées.

Une blanche église s'élève, quelques pas plus loin: elle est de bon goût, toute neuve, avec un clocher élégant, un autel bien décoré, une chaire sculptée. C'est la centième copie d'un modèle très-répandu; on n'y trouve rien à reprendre et à admirer.

Les allées sablées d'un jardin anglais descendent jusqu'au gave, après mille zigzags. De jolis bancs de pierre sont posés de distance en distance. Des acacias, des ébéniers, des campanules bleues, mille fleurs agrestes parfument les escarpements de la montagne. La promenade est belle et le site imposant. A vos pieds, court le torrent; il bouillonne, il mugit, il se tord convulsivement sur sa couche de pierres, en poussant des hurlements rauques et des plaintes entrecoupées; il bat furieusement les pierres qui l'emprisonnent; il les choque de ses vagues écumantes, comme un captif qui se heurte en désespéré contre les murs de son cachot. Devant vous, le rocher s'élève à pic; les crevasses, les fentes, les déchirures innombrables de ses flancs brunis font penser à ces vieux guerriers dont le corps est en tous sens sillonné de blessures. Sur votre tête, à plusieurs centaines de mètres de hauteur, se suspend le beau pont en pierre, récemment construit. Il s'élance, d'un seul jet et avec une admirable hardiesse, au-dessus du précipice. Il semble flotter dans l'azur et s'éloigner, à chaque instant; son arche se courbe avec une grâce infinie et vous diriez l'aile blanche d'un oiseau gigantesque.

C'est Saint-Sauveur qui est le point le plus proche pour faire la belle excursion de Gavarnie. Tous touristes qui passent par la vallée de Luz font leur visite à ce cirque renommé, la plupart pour dire qu'ils en sont revenus. Que de gens voyagent ainsi, pour répéter ensuite : Je suis allé ici, j'ai vu cela! Les souvenirs qu'ils rapportent de leurs courses sont amusants comme une liste de chefs-lieux de départements et touchants comme un indicateur des chemins de fer!

Après avoir franchi le beau pont en pierre, la route côtoie les pieds du Bergons. Bientôt les monts se rapprochent, le tableau se resserre, la vallée n'est plus qu'un ravin : c'est le Pas de l'Échelle.

Des murailles presque à pic s'élèvent des deux côtés; les teintes brunies de leurs masses calcaires donnent au paysage un aspect imposant. Sur nos têtes, l'azur n'est qu'une petite bande bleue; à nos pieds, est le précipice, au fond duquel rugit le gave, dans son cachot humide et froid, où n'arrive jamais un rayon de soleil. Le chemin a été taillé dans la pierre; l'œuvre est récente; le temps n'a pas encore guéri les plaies et fermé les cicatrices, et la montagne montre les blessures béantes de son flanc brisé.

A l'issue du Pas de l'Echelle, on voit un rocher énorme, qui a roulé le long des pentes et se tient en équilibre au bord du précipice. Peut-être, l'hiver prochain, les eaux l'entraîneront-elles. Il ne faut plus qu'un faible effort pour déterminer sa chute. Tout près du gouffre, il semble le contempler avec effroi et en mesurer la profondeur, comme un insensé qui veut se tuer regarde en hésitant l'abîme qui va l'engloutir.

Avant d'arriver à Gèdres, le paysage devient plus vert et la nature plus gracieuse. Le chemin, bordé de frênes, longe des vergers: les arbres en fleurs lèvent leurs têtes embaumées, qui ressemblent à de gros bouquets; l'odeur des foins coupés se mêle au parfum des framboisiers, et l'on respire avec délices ces douces exhalaisons. A droite, la cascade de Scia fait tourner quatre moulins, échelonnés sur ses rives.

Des touristes en grand nombre ont

profité du beau soleil pour faire cette excursion. Les cavalcades se succèdent, se suivent et se dépassent, les unes galopant fièrement, les autres se tenant à un trot modéré; les autres enfin restant prudemment au pas. Dans cette dernière catégorie, se trouvent deux représentants de la nation anglaise; un gros homme, de noir habillé et ressemblant à un pasteur, et une dame longue et osseuse, qui sans doute est sa compagne. Dès que son cheval veut prendre une allure un peu plus vive, le pauvre homme tressaute, et, de crainte d'aller réfléchir par terre aux lois de l'équilibre, il tourne un regard suppliant vers le guide, qui marche, dix pas en arrière, pour indiquer le chemin.

Après Gèdres, la route monte sur les flancs d'une colline pierreuse ; le paysage s'assombrit, la gorge se resserre ; bientôt commence le chaos :

Quem dixêre chaos rudis indigestaque moles.

Des avalanches de rochers, des blocs bizarrement accouplés dans un désordre confus, se montrent des deux côtés de la route, semblables à ces quartiers prodigieux de montagnes brisées qu'entassèrent jadis les géants pour escalader le Ciel. Ils ont toutes les formes et toutes les postures : on dirait un troupeau immense de léviathans, dormant au soleil. La lumière éclatante inonde les groupes noirâtres et les arêtes vives ; les pierres, chauffées tout le jour, brûlent au toucher. Quelques-unes ont roulé jusqu'au fond de la gorge et obstruent le cours du gave. Devant nous, par une échappée, le cirque de Gavarnie ferme l'horizon.

Aucune trace de vie et de végétation. La mousse ne s'attache pas aux roches et les sombres masses de granit apparaissent dans toute leur nudité. Aucun bruit, si ce n'est le piétinement des chevaux et les claquements des fouets; l'écho n'y répond pas, les sons s'étouffent vite et la solitude garde son silence de mort. Partout les ruines et les décombres. Car rien ne dure sur ce globe où nous passons. L'action lente du temps, qui fait périr les chênes, détruit aussi ces montagnes qu'on croyait éternelles.

Ici, elles se sont écroulées ; les pierres de l'édifice se sont disjointes et l'on ne voit plus que les débris d'un monument gigantesque. C'est un spectacle sublime de désolation et d'horreur. Le voyageur frémit involontairement et hâte le pas ; il lui semble que ces roches, qui, un instant, se sont arrêtées en équilibre, vont reprendre leur course folle et l'écraser dans leur chute.

Gavarnie est un petit village, auquel le voisinage du cirque a fait une réputation dans les deux mondes. Après l'avoir dépassé, on chemine dans une petite plaine défoncée, où le gave coule silencieusement. On peut aller à cheval jusqu'à la cabane de la Cantine.

En touristes consciencieux, nous continuons l'excursion jusqu'au pied de l'amphithéâtre. Nous marchons longtemps, au milieu des pierres amoncelées; leurs angles aigus et leurs arêtes tranchantes nous occasionnent parfois de pénibles sensations. Des campanules, des boutons d'or, des iris bleus croissent dans les anfractuosités. A mesure que nous avançons, les montagnes semblent se reculer, comme ces feux follets qui trompent les regards. Mais le magnifique spectacle que nous avons devant nous fait oublier la fatigue.

Des murailles gigantesques, hautes de douze cents pieds, s'élèvent à trois étages et forment un amphithéâtre immense. C'est un cirque comme les Romains en auraient rêvé pour leurs tueries colossales; toute la féroce populace de l'empire eût pu s'asseoir sur ces gradins. Les crêtes de l'Astazou et le casque du Marboré le dominent encore. L'œil contemple avec étonnement ces escarpements prodigieux, que nul pied ne peut gravir. Les chèvres, si sveltes et si agiles, n'y trouveraient pas où s'accrocher dans leurs promenades aériennes. Les plantes elles-mêmes, les touffes de gazon, les lianes, les genévriers cherchent en vain une fente et quelques grains de poussière pour recevoir leurs racines. Partout, le roc vif et la pierre sèche.

Au centre, à droite, à gauche, partout enfin, s'élancent les cascades, troupe bondissante et écumeuse. A chaque instant, l'on en découvre de nouvelles et l'on se fatigue à les compter. Elles s'unissent, se séparent, se croisent, s'entrelacent, et forment comme autant de raies blanches sur les sombres parois. La plus belle est celle de gauche. Elle tombe, d'un seul jet, d'une hauteur de 420 mètres. Le cirque tout entier est baigné d'une pluie d'écume ; le soleil irise de ses rayons la blanche nappe; les sept couleurs de l'arc-en-ciel s'y dessinent : un païen dirait la ceinture de Vénus. Maintenant, les chaleurs de l'été l'ont presque tarie. C'est au printemps qu'il faut la voir, alors que les pluies l'ont grossie et que les sommets inondés déversent dans la vallée leurs cataractes. C'est un fleuve immense; l'eau tourbillonne et se brise avec fracas en éveillant tous les échos de la montagne. Les autres cascades sont enflées à proportion, et les noires murailles du cirque disparaissent presque sous ce voile blanc.

Nous restons longtemps à admirer cet horizon sublime, assis sur des pierres croulantes, près d'un pont de neige sous lequel coule le gave. Le ciel commence à se couvrir; des brouillards effleurent déjà les sommets du Marboré. La sombre physionomie des montagnes se rembrunit encore et de grandes ombres s'étendent sur les parois perpendiculaires. L'air est glacé, le vent se lève et les cascades nous envoient une pluie d'écume. Je regarde surtout la brèche de Roland. Je pense aux exploits fabuleux de cette époque héroïque, aux preux célébrés par ces vieilles chansons de gestes qui sont les épopées de la France. Il me semble qu'une immense clameur va retentir dans la vallée et que le cor de Roland va redire encore sa dernière fanfare :

> Roncevaux, Roncevaux, dans ta triste vallée,
> L'âme du grand Roland n'est donc point consolée ?

Voyez cette crevasse immense du roc brisé ! c'est Roland qui l'a faite d'un seul coup de sa bonne épée Durandal. Pour se sauver des Sarrasins, son cheval fit un bond de quatre lieues. Un semblable coursier serait peu embarrassé pour franchir les haies et les rivières de nos steeple-chases. Ne rions pas cependant. Je le sais, il faut faire la part des exagérations populaires et des embellissements de la tradition. Mais les hommes d'alors étaient des géants. Il ne faut pas les juger à notre mesure; s'ils revenaient, ils ne reconnaîtraient plus leurs descendants dégénérés. Une âme forte et saine habitait dans leur corps robuste. Ils avaient réalisé la devise antique, *mens sana in corpore sano*. Maintenant notre âme est malade et souffreteuse; le doute amer, les rêveries sans but, la mélancolie dangereuse l'agitent et la tourmentent. Aussi le corps se ressent des misères de l'âme.

A Gavarnie, nous retrouvons le gros pasteur anglais et sa maigre épouse. Vous devinez leur occupation : elle est des plus graves et des plus ordinaires au peuple britannique; ils mangent et boivent avec une dignité imposante. Je les admirerais, si je n'étais sous l'impression du spectacle plus sublime encore que je viens de voir. De retour dans la fière Albion, si ce couple, membre sans aucun doute de la Société de Tempérance, assure, proclame et déclare, comme le baronnet de Walter Scott, qu'il a vu Gavarnie, ce sera une parole très-fausse ; s'il se borne à dire : « J'ai mangé à Gavarnie », témoin de cette opération, j'en certifie la rigoureuse exactitude.

V

LA GORGE DE PIERREFITTE.

Au sortir de Luz, nous cheminons quelque temps au milieu des prés verts et des eaux courantes. C'est le matin, et les vapeurs de la nuit flottent encore au sommet des montagnes. Nous entrons dans la gorge de Pierrefitte. Le chemin a été taillé dans le roc vif. Il est large et bien entretenu.

Tous les dangers disparaissent, et les périls s'en vont l'un après l'autre. Autrefois, l'on marchait par un sentier périlleux, qui zigzaguait parmi les rochers. Maintenant, c'est propre, bien arrangé, couvert de sable fin; le voyageur qui veut intéresser par ses récits risque, à chaque instant, d'être monotone. Plus de dangers, plus de voleurs, plus d'ours ou, si l'on en rencontre, ils ne sont pas à craindre sous leur habit noir.

Malgré tous les soins de l'administration, la gorge de Pierrefitte est encore belle et imposante. Les murailles perpendiculaires des montagnes s'élèvent, des deux côtés, à une hauteur immense.

Quelques arbres croissent dans les déchirures des rochers et penchent sur l'abîme leurs rameaux tremblants. Tout au fond, on entend une clameur étouffée : c'est le gave, emprisonné dans son lit étroit. Là-haut, entre les silhouettes capricieuses des montagnes dentelées, s'étend seulement une petite bande de ciel, éclatante comme du lapis-lazuli. Le soleil inonde les sommets de ses premières lueurs ; les noirs rochers resplendissent, baignés de cette lumière jeune et souriante ; à chaque instant, les rayons descendent dans la gorge et étendent plus loin leurs teintes roses. Dans le fond, il fait encore frais ; les dernières vapeurs du matin viennent de se dissiper ; la brise courbe les graminées et les gouttes de rosée brillent, comme des perles fines, dans les corolles des campanules et les grappes blanches des bruyères.

Au sortir de ce défilé, après avoir couru longtemps entre les parois rapprochées des montagnes, on éprouve une sensation de bien-être et de délivrance, quelque chose de ce qu'éprouve le prisonnier en retrouvant le grand air et la liberté.

Nous rencontrons plusieurs voitures venant de Cauterets. Elles sont remplies de touristes, impatients de pouvoir dire, de retour dans leurs foyers : « J'ai vu Gavarnie ! » Voyez ces deux gros messieurs au ventre rebondi et à la physionomie satisfaite, qui parlent d'un ton animé !

Je suis sûr qu'ils s'entretiennent de ce spectacle sublime, à moins pourtant qu'ils ne s'occupent de la dernière cote de la Bourse ou de la prochaine élévation de l'escompte.

A travers les vitres salies des berlines, nous voyons des familles entassées pêle-mêle dans un désordre pittoresque. C'est l'heure du réveil ; les enfants se frottent les yeux en bâillant et les grand' mères nettoient leurs lunettes pour admirer le paysage.

VI

CAUTERETS.

Cauterets est à égale distance de l'austérité de Baréges et de l'élégance de Luchon. C'est une grande rue en pente, bordée de maisons qui ne sont plus des auberges et ne sont pas encore des hôtels. La vallée est gracieuse et parsemée de maisons blanches. Le gave court au milieu des prairies vertes et fait tourner les roues des moulins posés sur ses rives. De grands arbres penchent leurs rameaux sur ses eaux. A gauche, au-dessus des derniers toits de la ville, l'église est placée sur les premières assises des montagnes. Celles-ci sont là tout près, s'élançant avec hardiesse, les unes couvertes de cabanes et de culture, les autres dissimulant à moitié leurs roches nues et leurs aspérités sous un manteau d'arbres rabougris, comme ces mendiants à la peau rugueuse et ridée, que leurs haillons ne couvrent qu'à demi.

Il y a peu de distractions à Cauterets. Le jour, quand on ne va pas en excursion, on se baigne un peu, on bâille beaucoup et l'on va se promener du côté du Mamelon-Vert. On y rencontre beaucoup d'Anglais ennuyés et d'ecclésiastiques, qui lisent leur bréviaire.

Nous avons suivi l'habitude générale des touristes et nous sommes allés nous promener du côté du Mamelon-Vert. C'était le soir, la vallée s'étalait à nos pieds, à demi couverte d'un voile de brume; de grands nuages, aux formes capricieuses, glissaient lentement le long du ciel. Mais parfois la lune apparaissait et éclairait le paysage de ses reflets. Alors montagnes au sombre profil, arbres au feuillage frémissant, maisons aux toits d'ardoise, gave aux remous argentés, tout cela brillait pour un instant, comme ces mirages qui, dans le désert, réjouissent et trompent les regards des voyageurs.

VII

LE LAC DE GAUBE ET LA CASCADE DU PONT D'ESPAGNE.

Les Pyrénées ont des merveilles de tout genre : montagnes arrondies, aux lignes harmonieuses et fuyantes; sommets à pics déchiquetés et brisés; cirques aux gradins innombrables, où tout un peuple pourrait s'asseoir ; cascades tombant comme un voile aérien, fines et blanches ainsi qu'un flot de dentelles; gaves écumeux et frais; allées larges et vertes; gorges profondes, où, pendant des lieues, on chemine, avoisiné des deux côtés par les parois perpendiculaires des montagnes; enfin, tous les sites et tous les aspects, tous les contrastes et toutes les harmonies.

Mais à ce bel ensemble il manque quelque chose. Dans ce magnifique ouvrage, il y a une lacune : ce sont les lacs! Ces surfaces tranquilles et bleues, ces nappes azurées et limpides, ces diminutifs de la mer, qui regagnent en élégance et en grâce ce qu'ils ont perdu en grandeur et en majesté, qui étonnent moins et qui plaisent davantage, qui donnent moins de pensées et plus de rêveries, lès lacs manquent presque entièrement aux Pyrénées.

Il y en a quelques-uns pourtant, et le plus remarquable est celui de Gaube.

Il est situé à peu de distance de Cauterets. Ses eaux tranquilles ont des reflets d'émeraude et leur limpidité est si grande que le regard plonge à l'infini dans leurs profondeurs, immenses comme les abîmes de la mer. Nul bruit, nul tressaillement à la surface; le lac semble dormir. Le zéphyr fait à peine trembler quelques rides sur le beau miroir; parfois un léger nuage qui vole étend sur lui son ombre passagère; ses rives sont semées d'une foule de petites baies, où de légers flots expirent en murmurant à peine. Ils se succèdent avec monotonie et uniformité, calmes et réguliers, comme la respiration d'un enfant qui sommeille. Des montagnes élevées l'entourent de trois côtés. Ce ne sont pas ici, comme au lac d'Oo, des géants perpendiculaires et inaccessibles, dont les murailles à pic rapetissent l'étendue des eaux et rembrunissent leur surface par des couleurs sombres. Elles ne font que baigner leurs pieds dans le lac, puis se rejettent en arrière; on dirait des vierges frileuses qu'effarouche la vue de l'eau glacée. Les pentes sont douces; les sommets, avec leurs forêts d'aiguilles et de clochetons, forment une capricieuse dentelle au bord du ciel. Leurs flancs sont nus et on y voit les sillons que, chaque hiver, les torrents creusent. Nulle verdure ne les pare, mais leur nudité est belle. Elles ont revêtu une robe grise, étincelante de mille reflets chatoyants. Les rochers ruissellent de lumière; l'air limpide et vif est chargé de parfums; les teintes sont harmonieuses et nuancées, les couleurs claires et voyantes; nul ton criard, rien ne blesse dans le beau dessin. Au fond, à travers un vallon bouleversé, un torrent descend du Vignemale. Celui-ci ferme l'horizon, avec sa parure de glaciers éblouissants. Ses flancs sont voilés de nuages, mais il les domine de la tête, et la masse énorme semble surnager, comme du sein d'une mer aérienne.

La cabane du fermier est située sur le bord du lac; tout près de là, sur une petite jetée, qui s'avance au travers des eaux, un monument en marbre blanc frappe les regards.

Ce n'est pas une légende, c'est une triste histoire. Je l'ai entendu raconter, et je la transcris ici dans toute sa vérité.

Il y a quelques années, deux jeunes époux, à peine unis depuis un mois, vinrent au lac de Gaube. Les couples amoureux ont toujours aimé les lacs; ces nappes tranquilles et azurées leur semblent faites pour bercer doucement leur ivresse et leur bonheur. Mais, hélas! parvenus à moitié du lac, le vent s'éleva, les vagues s'éveillèrent pleines de fureur, et le frêle bateau fut englouti.

Près de ce monument, à la pensée de

ces deux existences si prématurément brisées, comme le néant de l'homme et la brièveté de la vie nous apparaissent frappants, en face de l'éternelle nature ! Ici, les personnages du drame sont intéressants et les décors de la scène majestueux. Les flots aujourd'hui se sont calmés; ils viennent caresser doucement les bords du tombeau, comme s'ils regrettaient leur fureur et le malheur qu'elle a causé!

Heureux, du moins, ceux qui sont réunis dans la mort! Heureux ceux qui ne survivent pas aux objets de leur affection! Ils ne connaissent pas les regrets sans fin et le vide immense que laisse au cœur une perte irréparable. Les anciens considéraient comme une faveur des dieux de mourir jeunes. Il est beau d'expirer ainsi dans toute la fraîcheur de la jeunesse et toute l'extase d'un premier amour!

En revenant, nous entendons tout à coup un bouillonnement immense : c'est la cascade du Pont d'Espagne. Elle tombe d'abord d'un seul jet; ensuite, elle se divise en plusieurs bras; chacun de ceux-ci se partage lui-même en plusieurs nappes, les unes légères, les autres vastes et larges. A cet endroit, ils forment de capricieux dessins, courent en désordre, s'égarent, se réunissent, se séparent; on dirait les tronçons brisés d'un serpent qui cherchent à se rejoindre. Ils enserrent de leur ceinture éblouissante plusieurs îlots de rochers.

L'œil se fatigue à les suivre dans leur course et à compter leurs ébats. Des blocs énormes, placés au milieu même des différentes chutes, essayent d'arrêter leur élan. La cascade se heurte contre eux, mugissante, affolée, furieuse ; les vagues se choquent avec frénésie, s'entremêlent, se croisent, s'élancent par soubresauts, avancent par bonds, se brisent en poussière impalpable ; l'eau suinte de toutes parts, une pluie d'écume diaprée de toutes les couleurs de l'arc-en-ciel répand dans l'air ses innombrables gouttelettes, imperceptibles comme des atomes. Le torrent bat avec fureur la dure pierre, qui, sous ses assauts répétés, devient polie comme un diamant. Rien ne peut donner l'idée de cette colère et de ce délire. La chute bouillonnante est blanche comme de la neige et impétueuse comme un ouragan.

Le soleil et l'ombre y dessinent mille reflets. Enfin elle disparaît dans un précipice étroit, si profond que les grondements des eaux contre les parois qui les emprisonnent, arrivent maintenant à l'oreille, doux comme un murmure et faibles comme une plainte.

Des pins se pressent en bouquets sur les rives de la cascade; les uns, droits comme des peupliers, élèvent leurs sombres colonnades; les autres, difformes, bizarres, noueux, montrent les mille blessures de l'âge et de la tempête. Quelques-uns se tiennent sur les îlots qu'entoure le torrent. Le vent remue péniblement leurs lourdes branches, qui exhalent des sons métalliques. Immobiles comme des pyramides, mouillés par l'eau glacée de la chute, ils restent là, tristes comme des oiseaux grelottants. La nature, qui se plaît dans les contrastes, aime à placer la tranquillité et le silence près du mouvement et de la vie.

PAU

Quelques kilomètres après Gan, au détour de la route, Pau apparaît subitement avec ses maisons irrégulières, éparses sur la colline et dans la vallée, ses clochers et le château de Henri IV. De tous côtés de riches campagnes l'entourent; les coteaux verts, dernières ondulations des Pyrénées, rayonnent et verdoient sous leur parure de prés et de moissons. Le gave de Pau coule, large et tranquille, au pied de la colline où la ville est située. En quittant les montagnes, il s'est agrandi, mais il a perdu ses eaux furieuses et son lit de cailloux. Il dort maintenant au soleil, pour se reposer de ses agitations folles et de sa course délirante.

Ici, l'aspect de la nature est souriant ; les blanches villas, à demi cachées par les arbres, se montrent coquettes au milieu des prairies. Les routes sont pleines de beaux équipages, remplis d'Anglaises mélancoliques et de milords tout à fait insensibles aux charmes de l'horizon. Les chevaux fringants effleurent, dans leur marche rapide, les attelages antiques, traînés par des bœufs. Les cochers galonnés font un singulier contraste avec les Béarnais au type rusé et fin, vrais compatriotes d'Henri IV. Les robes nouvelles et les jupes ballonnées des dames passent auprès des simples costumes et des capulets des paysannes. Chez elles, rien n'a changé depuis Henri IV, ni vêtements, ni usages. C'est le peuple qui est le véritable foyer où se conserve la tradition. Malherbe y renvoyait en dernier ressort, pour apprendre la langue. C'est là qu'il faut toujours aller aussi pour connaître les vieux costumes et les vieilles mœurs.

L'aspect de la ville est élégant et gracieux; les rues montent et les maisons s'échelonnent jusqu'au sommet du coteau où se trouve la place Royale. Là on s'assied et l'on regarde une des vues les plus étendues, un des plus sublimes horizons que puissent présenter les montagnes.

Toute la chaîne des Pyrénées est devant vous! Le regard étonné court de cimes en cimes. Quelques nuages volent dans le ciel bleu et viennent s'accrocher aux plus hauts sommets. Cônes abruptes, cimes harmonieuses, pics tourmentés, glaciers éblouissants, flancs boisés ou arides, têtes sévères ou souriantes, les montagnes sont là avec leur variété infinie de couleurs et de figures; pour nous séduire, elles ont pris toutes les formes et tous les vêtements. L'air bleuâtre efface les tons trop crus et adoucit les aspérités trop rudes.

Le soir, quand la lune fait déjà briller le gave comme une ceinture argentée et que sa clarté douce donne un charme de plus à l'immense paysage, on se plaît à considérer sans fin ces Pyrénées, qui semblent dormir. On arrête l'oreille pour entendre le bruit lointain des cent mille gaves et des sonores forêts. Les jeux de l'ombre et de la lumière sont admirables sur le vaste dos des montagnes. Leurs cimes éclairées ont une sérénité divine; elles ondulent comme les flots de la mer, comme ces vagues bleues que la brise du soir fait expirer doucement sur les rives de la baie de Naples.

TABLE DES MATIÈRES

Le Mans. — Impr. Ed. Monnoyer. — Mars 1875.

www.ingramcontent.com/pod-product-compliance
Ingram Content Group UK Ltd.
Pitfield, Milton Keynes, MK11 3LW, UK
UKHW021144260726
13994UKWH00001B/284